認知症の親へのイラッとする気持ちがスーッと消える本

日本認知症学会専門医
榎本内科クリニック院長
榎本睦郎

永岡書店

認知症の親のつらい気持ちに気づいていますか？

親が認知症と診断されて、
介護生活が始まったあなた。
親の困った言動にイライラしてしまい
ついきつく当たってしまうこともあるでしょう。
でも、気づいていますか？
認知症と診断されて、
いちばんつらい思いをしているのは——
実は**親自身**なのです。

自分が
情けない
すぐ
忘れちゃう
覚え
られない
ぼーっと
する
どうしていいか
わからない
気力が
わかない
バカに
されたくない
家族に迷惑を
かけたくない

気持ちに寄り添う接し方で問題行動は減っていきます

認知症になると、できないことが
徐々に増えて自信と意欲を失い、
時とともに自分が自分で
なくなってしまう…。
記憶が失われていく不安と
恐怖が強まってゆき、
さまざまな**問題行動**が現れるのです。

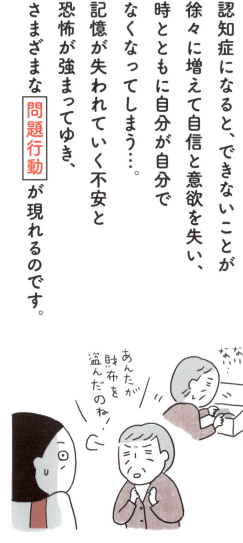

でも――
親のつらい気持ちに気づき、
寄り添った接し方を
ちょっと心がけると
問題行動が不思議と
落ち着いてきます。
あなたの介護の負担や
イライラも減って、
なにより、親と家族が
穏やかに過ごせるでしょう。

本書では、認知症で現れる問題行動の中から、
クリニックでよく相談されるものをとりあげ、
その理由と接し方のコツをアドバイスします。

もくじ

第3章

行動や心理の異常から起こる困った行動

第4章 認知症治療に関する誤解&息抜き介護のススメ

※第2~3章は、アルツハイマー型認知症の初期・中期によく現れる問題行動を中心に構成しています。

第1章

認知症の親のつらい気持ちに寄り添う接し方

認知症になってしまうと「何もできない」「何もわからない」……それは誤解です！

●認知症介護の大原則は、今持っている能力を最大限にいかすこと

わが国の認知症患者は、いまや500万人にものぼります。数字だけを聞いてもピンとこない人も多いと思いますが、家族など身近な人が認知症になれば、誰もが真剣にこの病気と向き合わざるを得なくなります。

私は、高齢者医療の専門家として1日に100人ほどの患者さんを診ていますが、そのうちの7割は認知症の人で、その数は高齢化に伴って増加しているのを実感しています。受診されるときは、お子さんや配偶者が付き添って来られますが、そのご家族たちに共通するのは、みなさん、大きなストレスと不安を抱えているという

ことです。

認知症になった親や配偶者に大事なことを伝えても、すぐに忘れてしまったり、何度注意しても聞く耳を持たなかったり、人のひんしゅくを買うようなことを平気でしてみたりと、家族は、まるで人が変わったような言動に振り回され、この先いったいどうなるのだろうという絶望や不安でいっぱいになっています。

「口が酸っぱくなるぐらい注意しても母は全然聞いてくれず、私は朝起きて5分後には母にキレてしまう……、自己嫌悪の毎日です……」と嘆く方もいます。特に初期の認知症の場合は、一見すると今までと変わりなく見えるので、「なんでそんなことがちゃんとできないの!?」「しっかりしてよ!」とイライラして、つい叱ったりしがちです。

しかし、認知症の介護の大原則は、「今持っている能力を最大限にいかすこと」です。ご家族が「頑張ればまたできるようになるだろう」と期待するのは無理もありませんが、認知症は〝脳の病気〟です。能力を試したり、できなくなったことを無理強いしたりすると、本人の自尊心が傷つき、自信や意欲を失ってしまうばかりです。

●本人のつらい気持ちを知れば、不可解な言動も理解できる

とはいえ、「叱らずにいつもにこやかに接するように」と言われても、現実には難しいもの。そういうときは、認知症になった人の心境を思いやると冷静になれるでしょう。介護する立場からすると、理解に苦しんだり、イライラさせられたりする言動も、本人の立場になって考えると「ああ、そういう気持ちだったのか」と気づき、納得できるものです。

初期の認知症の人は、「物忘れが多くなった」「今まで簡単にできていたことができなくなった」「頭が混乱して相手の言っていることがよくわからない」「自分はどうなってしまったのだろう」といった不安と恐怖を抱えています。自分でも「何かがおかしい!?」と感じ、情けなく思い、いらだっているのです。しかし、その一方では当然プライドもあるので、自分の衰えや失敗を悟られないよう、うまく取りつくろおうとします。その能力は見事なものです。

また、**認知症の人は直前の記憶は失われますが、うれしい、悲しい、つらい、腹**

が立つなどといった感情の記憶はしっかり残っています。つまり、家族がイライラして接すると、相手の表情や態度からいらだちを感じ取り、悪い感情の記憶が積み重なってしまうのです。

そんな認知症の人の心境と特長を理解して、「今こんな気持ちなんだな。だからこんなことを言うんだな」と思いやることができれば、介護する家族にも気持ちの余裕が生まれます。そして、やさしく穏やかに接すると、相手も穏やかに反応し、コミュニケーションが自然とうまくいき、結果として介護負担が軽減されるのです。

●認知症の治療は「介護」と「薬」の2つが柱となる

もうひとつ、医師としての立場から言えば、相手の気持ちに寄り添ったどんなに上手な接し方をしても、認知症の治療を介護だけで乗り切ろうというのには無理があります。巨大な敵に竹やりで戦いを挑むようなものでしょう。

認知症治療においては「介護」と「投薬治療」、この2つが柱となります。

認知症の薬についても世間一般ではまだよく理解されていない部分があります。本書4章で詳しく説明していますので、この機会に正しく知っていただきたいと思います。

よく「薬を飲んでも物忘れがいっこうによくならない……」と質問をされますが、これがそもそもの大きな勘違いです。

認知症の薬は物忘れを改善させることを目的としてはいません。最も大事な「生活する能力」、つまり、食事、トイレ、歯磨き、髭剃り、入浴、着替えなどの身の回りのことをする能力を少しでも維持すること——それが薬の最大の目的です。

私たち専門医が認知症の重症度を診るときのポイントもそこにあります。たとえ物忘れがあっても、身の回りのことが自分でできれば、あとは人の手を少々借りることで自立して生きていくことができるのです。

また、「薬を飲んでも症状が進んでしまうから、意味がないのでは？」というのも間違いです。認知症という病気は時間とともに進行するもので、その進行は止められませんが、薬を飲んでいる人は、飲まない人にくらべると進行がゆるやかになります（P.143参照）。

薬を服用するときにもうひとつ大事なことは、いくら有効だからと言っても、薬だけでいろいろな症状をゼロにしようと思わないことです。私はご家族に「ここまでなら許容できるという着地点を見つけましょう」と伝えています。

今の医療技術では、残念ながら認知症を完治させることはできませんが、進行を遅らせることは可能です。その重要な要素が、認知症の人の気持ちに寄り添った介護と、本人と相性のよい投薬治療なのです。

長寿時代になり、認知症の介護も長期間にわたるケースが多くなっているのが現実です。認知症になっても、ご本人には最後まで穏やかな生活を送っていただきたいし、また、介護するご家族も疲労やストレスに押しつぶされないでほしいというのが私の願いです。

本人の不安が消えて、
症状の進行も抑えられる！

Dr.榎本流 認知症の親との接し方 5つのルール

本人のつらい気持ちに寄り添い 自信と意欲を高めることが大切

　認知症介護は、小さなガマンの連続です。「病気のなせるわざ」と理解していても、困った言動にイライラし、ついきつく当たってしまうことも多いでしょう。

　特に認知症の初期は、今までできていたことができなくなり、本人は混乱し、自信を失っています。そのつらい気持ちに寄り添い、自信と意欲を高めてあげることが、進行を遅らせる接し方のポイントでもあるのです。上手な接し方のルールを知っておけば認知症の人とよい関係が築け、介護はラクになります。

接し方のルール①

失った自信を回復させる

できないことが徐々に増えていく…
自信を失うと脳機能が急速に低下します

認知症の人は、今までできていたことができなくなる場面が多くなり、ショックを受け、落ち込みます。その上、周囲の人たちから失敗を指摘されると、意欲まで低下してしまう恐れがあります。

認知症の人にとっていちばん大切なのは、「意欲を維持する」ことです。認知機能が低下しても、できることはたくさんあります。本人の「自分でやりたい」という気持ちを尊重し、自信を回復させる言葉かけやサポートを心がけましょう。

接し方のルール②

コミュニケーションの場を作る

家族以外の人とのおしゃべりは格好の脳トレに。
デイサービスは多くの人とかかわる絶好の場です

会話は脳の働きを維持するためにとても重要ですが、気を使わずにすむ家族相手のコミュニケーションでは、さほど頭を使いません。

家族以外の人と会話するときは、「自分より年上かな？」「どんな話題がいいかな？」と考えをめぐらせます。それだけで脳はフル回転し、格好のトレーニングになるのです。おすすめはデイサービスの活用。同年代の人だけでなく、若いスタッフとの会話を楽しむこともでき、気持ちまで若返ります。

接し方のルール③

活躍できる場面を見つける

趣味を楽しむことでプラスの感情が生まれ、症状の進行を抑えることにもつながります

認知症になるとさまざまな能力が低下し、活動範囲が狭くなります。ある患者さんは、認知症と診断されて卓球サークルの参加をやめましたが、治療をしながら再開したところ生活にメリハリがつき、いきいきと過ごしています。もちろん周囲のサポートは必要ですし、以前と同じようなことはできませんが、活躍できる場があるとプラスの感情が生まれます。なにより、その人らしく明るく生きることができるのです。

接し方のルール④

本人のプライドを傷つけない

自分のことを傷つけた人を「敵」と考え、
問題行動がますます強く現れてしまう

今まで通りにできなくなることが増え、周囲を悩ませる問題行動が目立つ方もいます。いつも一緒に過ごしている家族は、昔と変わってしまったように見える親のことを歯がゆく感じて怒鳴ったり、ダメ出しをしたりするなど、ついキツく接しがちです。認知症の人は、感情はあるので、自分を傷つける人を敵と考え、問題行動がますます強く現れることに……。本人のプライドを尊重する対応はとても重要です。

接し方のルール⑤

残っている能力を引き出す

「どうせできない」と何でもしてあげるのはNG！
今ある能力を使って「自分でできること」はしてもらおう

認知症の症状が進行してさまざまな能力が低下しても、もともと得意だった分野の能力は保たれる傾向があります。たとえば料理が得意な人は、中程度の認知症でもおいしい食事を作って家族の戦力になっている人もいます。

「自分でやった方が早い」とできることまで奪ってしまうと、生きる意欲が損なわれてしまいます。本人に保たれている能力や長所を最大限に発揮できるように周囲がサポートしましょう。

知って
おきたい!

脳の機能が低下すると現れる困った言動の正体とは?

▼誰にでも起こる「中核症状」と現れ方が異なる「BPSD」

物忘れ、過食、徘徊《はいかい》など認知症の症状は様々ですが、原因は脳の病気。脳の神経細胞が損なわれ、脳機能が低下してしまうのです。

アルツハイマー型認知症は、①「中核症状《ちゅうかくしょうじょう》」と言われるほぼ全員に共通して現れる症状と、②「BPSD(行動・心理症状=問題行動)」と言われる人によって千差万別な現れ方をする症状の2つに分けて理解する必要があります。

①中核症状《ちゅうかくしょうじょう》は、物忘れの原因になる記憶障害、時間や場所がわからなくなる見当識《けんとうしき》障害、判断力や会話・読み書き能力の低下などがあります。

②BPSDは、暴力や徘徊など周りの人を困らせる症状です。

認知症の治療の目的は、基本的な中核症状の進行を抑え、維持することです。それによって、激しいBPSDを最小限に抑えられます。問題行動が減ると、家族の介護負担がグンと軽くなります。実はBPSDの症状は、複数ある抗認知症薬の薬剤選びのキーポイントにもなるのです。

中核症状

認知症になると誰にも共通して現れる症状＝能力低下

- 記憶障害
- 見当識障害
- 実行機能障害
- 判断力の低下
- 高次脳機能障害（失語・失行・失認）

BPSD

人によって出てきたり、出なかったりする症状＝問題行動

- 物盗られ妄想
- 昼夜逆転
- 失禁
- 興奮
- 抑うつ
- 徘徊
- 介護への抵抗
- 食行動異常
- 暴言・暴力
- 不潔行為

中核症状は脳の機能が低下して現れる症状。BPSDは脳のダメージパターンや環境要因などに左右されて現れる症状です。

中核症状とは？

認知症になると誰にでも現れる「生活能力の低下」

▼4つの症状によって不安や混乱をもたらせる

中核症状は、文字通り認知症の中核にある症状で、脳の神経細胞が損なわれ、脳の機能低下から引き起こされます。程度の差はありますが、すべての認知症の人に現れ、認知症の進行とともに症状が増えていきます。

中核症状は、次の4つに分けられます。

①**記憶障害**は、記憶を司る脳の海馬という部位が破壊されて生じます。最近のことから忘れていき、重度になるとほとんどの記憶が失われます。②**見当識障害**は、最初に日時はわかなくなり、次第に自分がいる場所や人を認識しづらくなります。③**実行機能障害**は、料理の手順や更衣の順番がわからなくなったり、ものごとを適切に理解して判断することが困難になります。④**高次脳機能障害**は、会話や読み書きにとどまらず生活するために必要な段どりができなくなります。つまり中核症状とは、簡単に言うと、「生活能力の低下」なのです。

患者さんと相性のよい薬と寄り添った介護により、中核症状の進行を抑えることができます。

認知症になると誰にも現れる4つの中核症状

記憶障害

物事を記憶することが苦手になり、新しいことが覚えられない。初期から現れ、長く続く症状で、最近のことから順に忘れていき、昔の記憶は比較的保たれる。

見当識障害

見当識とは、時間や場所、周辺の人々との関係を理解し検討をつける能力。外出して迷子になる、トイレの位置がわからなくなって失禁するなどのトラブルに。

実行機能障害・判断力の低下

計画を立てて、順序よく物事をこなしていく能力が低下。同時並行で作業することも苦手になり、料理や電化製品の操作など、今まで当たり前にしていたことが難しくなる。

高次脳機能障害（失語・失行・失認）

言葉の意味がわからない、わかっても話せない「失語」。道具の使い方など、目的への達成が難しい「失行」。五感で得た情報を適切に認識できない「失認」などの症状。

記憶障害と見当識障害は、抗認知症薬を使っても改善は難しいですが、判断力や高次脳機能は改善効果が期待できます。

BPSDとは?

人によって現れ方が異なり、周囲を困らせる「問題行動」

▼本人の性格や環境、心理状態、周りの対応などが大きく作用

ＢＰＳＤ（行動・心理症状＝問題行動）は脳のダメージを受けている部位や程度の違い、本人の性格、介護環境等の要因によって現れる症状です。中核症状と違って、すべての人に必ず出るものではなく、個人差があります。なぜなら、本人の性格や置かれた環境、心理状態、周りの対応などが大きく作用するからです。

行動面では興奮や攻撃、抑制がきかなくなるなど、心理面では不安、抑うつ、妄想などが現れます。徘徊や尿失禁、暴言・暴力などの症状は、日常生活にさまざまな問題が生じるため介護者は対応に悩まされます。

これらの症状は、周囲にとっては問題行動ですが、認知症の人が現実生活に適応しようと模索した結果でもあるのです。しかし、実際は失敗が続き、周りから否定されると不安が強まり、症状が悪化する傾向に……。一方で、症状の原因を理解してその人に合った対応をとることで、ＢＰＳＤが軽減していく可能性があります。また、すべての症状が同じ時期に現れるものではありません。人によって現れずにすんだり、症状が出ても半年ぐらいで消えたりもします。

介護者を困らせる主な問題行動

行動症状	心理症状
暴言・暴力	意欲低下
徘徊	物盗られ妄想
食行動異常	抑うつ状態
多弁・多動	昼夜逆転
介護への抵抗	睡眠障害
作り話	興奮
尿失禁・弄便	執着
不潔行為	失禁

脳萎縮や脳血管障害（隠れ脳梗塞など）で失われた脳の部位の違いにより、BPSDの症状の出方が異なるという点も知っておきましょう。

介護のイライラをスッキリ解消!

認知症の人の心の中を知ると、
困った行動をとる理由や、
接し方のコツがわかります。
本人の不安が解消されると、
問題行動が減っていき、
介護の負担やイライラも
解消されていきます。

次章から、認知症初期・中期の人によく現れる
問題行動の理由&接し方のコツを解説していきます

第2章

認知症になると必ず現れる不可解な行動

ここでは、認知症になると誰にでも現れる「中核症状」をとりあげています。脳の機能低下から、生活に支障をきたす問題行動が引き起こされます。

記憶障害

「今日は何日？」何度も同じことを聞かれてうんざり

本人の気持ち

初めて質問したことなのに、怖い顔で返事するなんてひどい…

何度も聞くのは自分にとって「大事なこと」だから

「明日はデイサービスに行く日?」「迎えに来てくれるよね?」「何時だったっけ?」。こんなことを1日に何度も、ひどいときには数分おきに聞かれたりすると、答えるほうもイライラしてしまいます。その結果、「さっきも言ったでしょ! 覚えてないの?」と、つい声を荒げてしまうのも無理ありません。

こういう場合、聞いてくる内容はたいてい「予定」に関することです。自分にとって大事なことなので、「私は明日、何をするんだったっけ?」「準備はできているかしら?」「周りに迷惑かけないようにしなくちゃ」と、とても気になっているのです。だから周りに繰り返し尋ねるのですが、記憶を司る海馬《かいば》が障害されているので、さっき質問したことをきれいさっぱり忘れているのです。

本人にしてみれば初めて聞いたのに、「何度言えばわかるの!」と怖い顔をされたりすると傷つきます。「本人にとっては初めて聞くことであり、とても大事なことだ」と受け入れて、その都度、答えるように心がけましょう。

カレンダーに書いて、目で見て理解してもらう

ただ、1日中この繰り返しでは家族も疲労困憊《こんぱい》します。そこで対策として、リビングなど目につくところに大きなカレンダーをかけ、そこに予定をすべて書き込むことをおすすめします。デイサービスの日、訪問介護のヘルパーさんが来る日、病院へ行く日など、カレンダーを見れば一目瞭然でわかるようにしておくのです。さらに日付が表示される時計をそばに置いておけば、今日は何月何日かもわかります。これなら、聞いてきたときにひと言「カレンダーを見てね」と言えばすみます。

実はこの**「目で見る」ことはとても大事**なのです。人は耳で聞いた情報よりも、目で見た情報、つまり視覚から入った情報のほうが記憶に残りやすいことがわかっています。認知症でも同じです。私の患者さんの中にも、ご家族が「これから榎本内科へ行くよ」と言っても、「そんなところ知らん」と言っていた人が、クリニックに来たら、「あ、ここなら来たことがある」と思い出してくれたりします。口で言うより、できるだけ目で見て理解してもらうのがコツです。

接し方のテクニック

何度も同じ質問をされたときの対応&声かけ

NG

「同じことばっかり聞かないでよ」

「さっきも言ったでしょ!」

「……」(大きなため息をついて無言)

POINT

怖い表情や声、聞こえないふりなどをすると、本人は怒られた理由がわからず落ち込みます。いらだちを深呼吸などで抑えて、笑顔で答えてあげると安心します。

GOOD

カレンダーを指差して「今日は○日よ」

「お茶でも飲もうか」と気をそらす

初めて聞いたように「デイサービスは明日よ」

ドクターアドバイス

- 記憶を司る海馬が障害されているので、聞いたことも忘れてしまいます。
- 記憶に残りやすい視覚からの情報を活用しましょう。

高次脳機能障害（失語）

言葉が出てこず話したがらない、無口になった

本人の気持ち

思っていることを伝えられない
自分が情けなく、もどかしい…

会話ができなくても心まで空っぽになったわけではない

会話は、まず単語から始まり、それが文章につながってコミュニケーションができるのですが、認知症になるとうまくいかなくなります。単語そのものが出てこない、文章が組み立てられない、相手の言うことが複雑過ぎて理解できないなど、理由もさまざまです。そのため、認知症の人は言葉数が少なくなったり、会話しているのに話がかみ合わなかったり、反対に、相手の言うことは無視して自分の伝えたいことだけを言ってしまい、傍若無人な人と誤解されたりします。

こんなとき、**話しても無駄だと思って、会話を中断してしまうのは最悪の対応**です。本人の言葉が出てこないもどかしさを理解しましょう。たとえば「お風呂」と言いたい場合、浴槽にお湯を張って体を洗う場所だということはわかっているのに、「お風呂」という単語が出てこない、そんなもどかしさです。会話ができなくなっても、心まで空っぽになったわけではありません。私たちと同じように認知症の人にも伝えたい思いがあり、コミュニケーションを望んでいるのです。

デイサービスの職員など第三者との会話を増やす

家族が相手にしなくなってますます会話が減ると、思いが伝わらないイライラや疎外感から、暴力や暴言などの問題行動が起きることもあります。

そうさせないためにも、できるだけ会話のキャッチボールを心がけましょう。言葉にならなくても、相手が何を言おうとしているかは文脈の中で推測できるはずですから、きちんと耳を傾けましょう。そして、**こちらから話しかけるときは、複雑な会話を避け、わかりやすく簡潔に話す**ようにします。

私がおすすめしたいのは、デイサービスで一緒になる同世代の人や職員、傾聴ボランティアなど、第三者との会話を増やすことです。家族と交わす会話はほぼお決まりの内容になりがちですが、第三者と話すときは「この人はどういう人か」「自分より年上か年下か」「どんな話題がふさわしいか」「敬語を使うべきかどうか」などを判断しなければならないので、家族との会話より脳のトレーニングになります。家族には無口なのに他人と話すと驚くほど饒舌になることもあります。

接し方のテクニック

本人に疎外感を与えない対応&声かけ

NG

「そこに座っていて!」とのけ者にする

「何が言いたいのかわからない!」

「これが欲しかったんでしょ」(先回りして話を進める)

POINT

言葉が出てこないから何もわからないと考え、のけ者にしてしまうと孤独になり、不安感を募らせます。会話すべてを理解できなくても、参加することに意義があります。

GOOD

「AとB、どっちにする?」(答えやすい質問をする)

理解できなくても会話の仲間に入れる

「タンスから着替えを出して」など用事を頼む

ドクターアドバイス

- 会話量が減るに伴って、暴力やうつ状態などの問題行動が現れることも。
- 言葉が出やすくなるように、人と交流する場を設けましょう。

高次脳機能障害（失行）

使い慣れた家電の操作ができなくなる

本人の気持ち

えっ、どうしてわからないんだろう!?
私はボケてしまったんだろうか…

操作方法を大きく書いた紙を貼る

認知症になるとあらゆる能力が徐々に低下していきますが、そんななかでも症状には調子の良し悪しの波があるものです。たまたま調子の悪いときに、使い慣れた家電の操作方法がわからなくなることがありますが、認知症が一気に進んだわけではなく、また思い出して使えるようになったりします。

「どうせ使えないから」と使用を禁止してしまうと本人は自信をなくしてしまいます。**長い目で見て、「できることは自分でさせる」ことが原則**です。操作方法を紙に大きく書いたり、必要なボタンだけ目立たせておけば使いこなせるようなら、当面はその方法で乗り切りましょう。症状が進んでまったく使いこなせなくなったら、ヘルパーさんを頼むことも考えましょう。

接し方のテクニック

家電の操作ができなくなったときの対応

GOOD
- 使う順番を書いた紙を貼る、必要なボタンを目立たせる。
- ガスコンロをIHに替え、食事は宅配を活用する。

NG
- 何もかも取り上げると自信を失い不安に…。
- エアコンは熱中症など命に直結するので要注意！

実行機能障害・感覚低下

得意料理が作れなくなった

本人の気持ち

おいしく食べてもらいたいけど、うまく作れない自分が情けない…

料理がなんとかできているうちは心配いらない

私は患者さんのご家族に「料理は今まで通りできていますか？　味付けが濃くなっていませんか？」とよく尋ねます。料理は献立を考え、材料を買ってきて、段取りを考えながら同時進行でいくつもの作業をこなさなければなりません。そのため、**「日常生活の段取りに関する記憶」がフルに使われます**。

この段取りに関する記憶は日常生活を送る上でとても重要で、出来事に関する物忘れが目立つ人でも、この記憶さえしっかりしていれば自立した生活を送れることが多いのです。つまり、認知症でも料理がなんとかできているうちは心配いりません。

一方で認知症になると、料理上手だった人が料理をしなくなったり、メニューがワンパターンになったりします。段取りに関する記憶が衰えたせいで、煮物などの手間のかかる料理が作れなくなり、ただ焼くだけの簡単なメニューばかりを繰り返し作るようになります。味付けが濃くなってしまうのは、舌の感覚が鈍くなって、濃い味でなければ感じなくなるからです。

失った能力を無理に取り戻させようとしないこと

認知症ケアの大原則は、「失った能力を無理に取り戻させようとしない」ことです。たとえば料理上手だったお母さんに、家族は「昔よく作ってくれたあの料理、また作ってちょうだい」と励ますつもりで言ってしまうことがあります。

しかし、すでに作れなくなったメニューを無理に作れと言われても、本人にはハードルが高く、責められているように感じてしまいます。やってみて失敗すれば、ますます自信喪失することにもなるでしょう。昔に戻るのはもう無理なのです。

かといってキッチンから締め出してしまうのも問題。**「今の段階でできることを手伝ってもらう、そして必ずほめる、感謝する」**というのが正解です。料理の段取りが組めなくても、洗ったり切ったりという単純作業を手伝ってもらいながら一緒に料理する。そして、「ありがとう、助かったわ」と感謝する――これが自信につながるのです。料理は最高の脳トレーニングですので、残っている能力や長所は最大限いかすように心がけましょう。

接し方のテクニック

台所仕事をする親への声かけ

NG

「台所はいいから、あっちに行って！」

「得意料理の煮物、作れるはずだよね」

「ガスコンロは危ないから使わないで」

POINT

できなくなったことを無理にさせるとますます自信を喪失します。単純作業は認知症が進行してもできること。役割を与えて、少しでも長く続けられるようにしましょう。

GOOD

「洗い物をしてもらって助かったわ」

「サラダを作るから、キュウリとトマトを切ってね」

「お湯は電気ポットで沸かしてね」

ドクターアドバイス

- できることを見きわめて具体的にお願いしましょう。
- 「ありがとう」と感謝することで、本人の自信が回復します。

感覚と判断力低下

暑い夏でも驚くほど厚着をする

本人の気持ち

暑いのか寒いのかわからないけど、着込んでおけば間違いないだろう

夏場は熱中症、脱水症状に注意！

認知症になると季節の認識もあやふやになってしまいます。ただ、季節がわからなくても、普通なら寒暖を肌で感じて気候に応じた衣服を選びますが、**認知症の人は頭頂葉が萎縮して皮膚感覚が鈍っている**ので選べません。

そのため真夏でも厚着をして、汗ばんでいる人がけっこういます。寒暖を感じにくくなると、不思議なことに私の印象では9割を超える人が厚着になります。「暑いのか寒いのかよくわからないけど、とりあえず着込んでおけば間違いないだろう」という**心理**なのでしょう。

冬はまだしも、夏場の厚着は熱中症の原因になって危険です。「私と同じぐらいの格好をしましょうね」などと言って、季節にふさわしい服装をするよう誘導してあげましょう。

接し方のテクニック

季節に合った服装に誘導する声かけ

GOOD
- 「私と同じ半袖にしない？」と笑顔で誘導する。
- 「素敵なブラウスだからカーディガン脱いだら？」

NG
- 「真冬みたいな格好してると、笑われるよ！」
- 「早く着替えて！」ときつく言い、強引に脱がす。

記憶障害（繰り返し行動）

同じ物ばかり繰り返し買ってくる

なくなると家族が困るから予備を買っておかなくちゃ

商品に対する特別な思い入れが誘因

洗剤やトイレットペーパー、ごはんのふりかけ、目薬など、ストックがあるのに繰り返し買ってきてしまい、家族は頭を抱えてしまうことに……。「一人暮らしの親の家に、ゴキブリ用の殺虫剤が10本以上あった」という話もあります。

ある特定の商品を目にしたり、安売りしているのを見たとたん、家にあることは忘れて、**「これは買っておかなくちゃ」という自動回路システムが働く**のです。おそらく、自分の好物であったり、以前にそれを切らしてしまってとても不便な思いをしたなど、その商品に対する特別な思い入れがあるのだと思います。叱ってもあまり効き目はないでしょう。お財布に、「○○はあるから買わなくていいです」とメモを入れておくといいかもしれません。

接し方のテクニック

同じ物ばかり買ってくる親への対応&声かけ

GOOD
- 「メモに書いてある物だけ買おうね」
- 「買い物は私かヘルパーさんと一緒に行こうね」

NG
- 「賞味期限切れのパンばっかり、どうするの！」
- 「買い過ぎ！」と責めたり、物を隠すのは逆効果。

認知症治療の診察室から

症状が出たり消えたりする「まだら認知症」の正体とは？

トイレの場所もわからずウロウロしているかと思えば、ときには以前と変わらずしっかりした受け答えができて、「本当に認知症なの？」と、疑いたくなるようなことがあります。**認知症の症状にばらつきがある「まだら認知症」の状態で、こんなときは脳血管性認知症が疑われます**。

脳血管性認知症は、脳卒中、つまり脳出血や脳梗塞によって脳の一部が機能低下を起こす認知症ですが、できることと、できないことの差が大きいのが特徴です。たとえば、脳卒中で右頭頂葉の血管が破れたりつまったりしてしまうと、見当識障害を起こし、自分の居場所を把握することが難しくなるため迷子になったりします。ところが、会話を司る左大脳半球が何ともなければ、会話にはまったく支障がありません。迷子になるほどなのに、会話はちゃんとできるという、不思議な現象が見られるのです。

また、このタイプの認知症は、大半の人が基礎疾患として動脈硬化があり、もともと脳の血液循環が悪くなりがちです。そこに水分不足や運動不足が加わって全身の血液循環が悪くなると、脳の血流が滞って頭の働きが鈍ります。逆に水分をとって運動すると、脳の血流が改善して、頭の働きがよくなります。ご家族に「調子のよいときと悪いときの差があるでしょう？」と尋ねると、「えっ、なんでわかるんですか？」と驚かれます。

脳血管性認知症は脳卒中を繰り返すたびに、階段を下るように症状が悪化していきます。逆に言えば、脳卒中を予防すれば横ばいの状態を維持できるということで、アルツハイマー型認知症よりも見通しは明るいのです。血液をサラサラにする薬と脳の血流をよくする薬を組み合わせ、水分補給と適度な運動を習慣にして、よい状態を維持しましょう。

実行機能障害

昔とは違って誰の役にも立てなくなった…

本人の気持ち

家族の役に立ちたいのに迷惑ばかりかける自分が情けない…

「何もできない」という決めつけが本人を傷つける

認知症になったら仕事を続けるのは無理なのでしょうか？――その答えは職種や本人の置かれている環境で大きく異なるでしょう。

私の患者さんにそば屋のおかみさんがいます。軽度の認知症ですがご本人は引退どころか、働く意欲は十分あります。もちろん計算などはほかの人に任せ、もっぱら接客担当です。天ぷらそばのお客さんに間違ってざるうどんを持って行くなどの失敗もけっこうあるようですが、常連さんたちは「おかみさん、また間違えちゃった。しょうがねえな」と笑ってすませてくれるのだとか。こんな恵まれた環境に助けられて、認知症が少し進んだ今もクリニックに通院しながらイキイキと働いています。

その一方で、認知機能を判断する※MMSEの点数がこのおかみさんと同じぐらいでも、仕事をやめてしまった人もいます。やはり私の患者さんですが、その人は友だちづき合いも途絶えて、まるで隔離されたように家に閉じこもってしまい、家族との関係もぎくしゃくしています――どちらが幸せかは言うまでもないでしょう。

※MMSE：ミニメンタルステート検査。認知症スクリーニング検査のひとつ。

本人が「活躍できる場」を見つけてあげよう

仕事は人間にとって生きる支えのようなものですから、人から「やめろ」と言われるのは、「あなたはもう何の役にも立たなくなった」と宣告されるのと同じです。能力が衰えたという自覚は本人にもあります。しかし、はっきり宣告されたときのショックは大きく、いっそう自信を喪失し、孤独感を深めてしまいます。

会社勤めは無理かもしれませんが、自営業の人などは、周りがフォローすれば、単純な仕事を手伝ってもらうことは可能でしょう。報酬を得る仕事でなくても、家庭の中で何か役割を担ってもらうだけでもいいのです。家庭菜園で野菜作りをしてもらう、早起きだからゴミ出しをしてもらう、庭の水撒きをしてもらうなど、「活躍できる場」を見つけてあげましょう。何もすることがなく家に閉じこもっているばかりでは、本人も家族も煮詰まってお互いにイライラしてしまいます。でも、ささやかでも**自分の役割があれば、生活に張り合いも出るし、他人とのコミュニケーションも生まれます**。たとえ認知症であってもその人らしい生活が送れるのです。

接し方のテクニック

自信を持ってもらうための声かけ

NG

「仕事やめたんだからのんびりしていて」

「計算できないんだから店に出てこないで」

「邪魔だから、手伝わなくていいよ！」

POINT

大工仕事や編み物・裁縫などは、認知症になっても失われにくい認知技能の記憶です。役割を担ってもらい「ありがとう！」と感謝の気持ちを伝えましょう。

GOOD

「さすが！　植木の手入れはほかの人に頼めないよ」

「お店にいてくれるだけでみなうれしいよ」

「新聞と雑誌をまとめてくれるとありがたい」

ドクターアドバイス

- 「活躍できる場」があれば、自信が生まれていきいきします。
- 周囲とのコミュニケーションが生まれると、孤独感を解消できます。

注意力低下

何度言っても理解できない、話を聞いてくれない

本人の気持ち

早口で言っていることがわからないし、耳が遠くてよく聞こえない

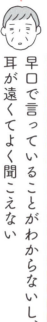

認知症の人に話をするときは「一度にひとつ」だけ

認知症が始まったお母さんに得意だった和裁をしてもらおうと考えた娘さんは、着物の簡単な直しをお願いして、あれこれと説明しました。でも、お母さんはボーッとしているばかり。「もう無理なんだな……」と娘さんはあきらめたそうです。

しかし、記憶力や理解力の落ちている認知症の人に、昔得意だったこととはいえ、いくつものことを一度に説明して理解を求めるのは、ハードルが高過ぎます。ここで覚えておきたいのは、認知症の人に何かを伝えたりお願いしたりするときは、一度にひとつの用件だけにするということです。

また「うちの親は何度言っても、話を聞いてくれない」という場合、耳が遠いせいで話が聞こえていないこともあります。特に、耳の遠い人は最初のひと言が聞こえないと、「もういいや」とあきらめて、聞こえたふりをするものです。認知症の人や耳が遠い高齢者に対しては、**話す前に「これから大事なことを話すよ」と注意を喚起し、最初のひと言は大きな声ではっきりと発音しましょう。**

「フェイス・ツー・フェイス」でスムーズに意思疎通を

私は患者さんに大事な話をするときは、正面から顔を近づけて、目と目を合わせ、さらに片手をメガホンのように口のところに当てて話します。こうすると患者さんは「これから何か大事なことを言うんだな」と、耳をそばだててくれます。

正面から顔を近づけてフェイス・ツー・フェイスで話すという方法は、フランスで生み出された認知症ケア「ユマニチュード」[※]でも推奨されています。

認知症の人は、視覚情報の処理能力が低下しているため、認識できる視野の範囲が狭くなり、介護する人が近くにいても気づかなかったりします。そこで重要なのが、**認知症の人の正面から近づいて、目の高さを合わせて視線をしっかり交わして、笑顔で話しかける**ことです。これを意識的に行うと、認知症が進行してもスムーズに意思疎通がとれるでしょう。

この方法で暴言や歩き回るといった問題行動も改善したという事例がありますから、ぜひ家庭でも試してみてください。

※「ユマニチュード（Humanitude）」：フランスで生まれた認知症ケアのひとつ。知覚・感覚・言語による包括的コミュニケーションに基づいた技法。

接し方のテクニック

認知症の人にわかりやすく伝える対応&声かけ

NG

「外食にするけど、寿司かそばどっちがいい？」（早口で）

2つ以上の用件を伝える

「薬飲んだの？」と横から話しかける

POINT

認知症の人には私たちの会話が「早送り」のように聞こえています。フェイス・ツー・フェイスで話し、重要なことを一度に1つゆっくりと伝えましょう。

GOOD

「今夜は外食ですよ」と笑顔で伝える

用件をひとつだけ伝える

「薬を飲んだの？」と目と目を合わせて話す

ドクターアドバイス

▶ 最初のひと言は大きな声ではっきり発音しましょう。

▶ 正面から目と目を合わせ、片手をメガホンにして笑顔で話します。

記憶障害（しまい忘れ、置き忘れ）

いつもごそごそと探し物をしている

本人の気持ち

見つからないのはおかしい！
誰かが隠したのかもしれない

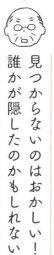

大事な物の置き場所を決めておく

アルツハイマー型認知症は「近時記憶障害」、つまり最近のことを忘れてしまうのが特徴。そのため、財布やカギ、メガネ、大事な書類など、さっきどこかに置いたはずなのにその場所を思い出せなくて、1日中探し物をすることになるのです。特に、部屋の整理が行き届かず、物が増え過ぎると、置き場所もあちこち変わってますます混乱してしまいます。

加齢による物忘れは、忘れてしまったことを認識できますが認知症の人は「誰かが盗った！」と、**「物盗られ妄想」が起こり、周りの人との関係までギクシャクする**ことがあります。対策としては、物の置き場所を決め、必ずそこに置く習慣をつけてもらうこと。それ以前に、物を減らして家の中をスッキリさせると探す苦労と介護のストレスも軽減します。

接し方のテクニック

探し物をしている親への声かけ

GOOD

- 「一緒に片付けよう！ 探し物が減るよ～」
- 「大事な物はこの箱に入れておこうね」

NG

- 「物が多過ぎるからいけないのよ！」
- 「何度なくせば気がすむの？」と責めたてる。

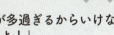

記憶障害（繰り返し行動）

バッグの中身を入れたり出したり、同じ行動を繰り返す

本人の気持ち

さっきバッグにしまったはずだけど、ちゃんと入っているか心配だわ…

外出用バッグをひとつに決めておく

「同じ行動を繰り返す」という行動パターンは、アルツハイマー型認知症の人に特徴的です。たとえば、バッグの中身を入れたり出したりする、タンスの中の物を入れたり出したりする、炊飯器の予約スイッチを夜中に何度も起きて確かめる、などです。

この繰り返し行動は、**〝不安なことを確認する→大丈夫だった→忘れる→不安になってまた確認する〟**という仕組みで起こります。不安を取り除くのは難しいですが、外出用バッグをひとつに決めれば、物を入れ替えなくてすみます。また、タンスの引き出しには、「下着」「ズボン」など収納している物を紙に書いて貼っておくだけで安心します。意外に簡単な工夫で不安は取り除けるので試してみましょう。

接し方のテクニック

繰り返し行動の不安を取り除く声かけ

GOOD
- 「このバッグに必要な物が全部入っているよ」
- 「引き出しの中の物を紙に書いて貼っておいたよ」

NG
- 「何度も入れたり出したりしないの！」
- 「なんで同じことばかりするの……もうやめて！」

判断力低下

悪質商法や特殊詐欺で大金をだましとられる…

本人の気持ち

やさしく声をかけてくれた親切な人が、すすめてくれるのだから安心だ

深い孤独感と寂しさに付け込まれてしまう

最近の特殊詐欺や悪質商法は手口がとても巧妙になっています。その一方で、詐欺の被害にあった認知症の人は、判断力が低下しているという自覚がないため、だまされたと思っていません。さらに、柔軟な考えができなくなっているので、周りの助言も聞き入れない頑固さもあり、その結果、標的にされてしまうのです。

詐欺被害の背景には、判断力の低下以外に深い孤独感もあるでしょう。認知症に限らず高齢者は社会との関わりが激減し、人と話す機会も減っていきます。そこで、詐欺とは知らずに「話を聞いてくれる親切な人」と思い込んで被害にあうのです。

さらに、認知症の人は「取りつくろい」がうまいため、相手の話に合わせてしまい、家族の知らぬ間に契約書を交わしてしまうこともあるので注意が必要です。

私のクリニックにも、先日、特殊詐欺の被害にあった女性が来院しました。幸い、その方はまだ認知症には至っていませんでしたが、大金を失った上に、「認知症じゃないのか!?」と家族に責められ、気の毒なくらい落ち込んでいました。

家族に相談するとメリットがあることを伝える

お金をだましとられたとき、責めたりなじったりすると、心を閉ざしてしまいます。**重要なのは二度とだまされないこと**です。「今度、大きなお金を使うときは、必ず相談してね」と言いましょう。「相談してくれたら、少し援助できるかもしれないからね」と、相談するとメリットがある、という点を強調するといいでしょう。「援助してもらえるんだったら、次は相談しよう」という動機付けになります。

遠方に暮らす親とは、できるだけひんぱんに電話したり、会いに行ったりして会話しましょう。身内や友人もだんだんいなくなり、子供も近くにいないと、お年寄りはさびしいものです。詐欺や悪質商法はそういう心に付け込んできます。

子供の立場からすると、心配だから通帳を預かって管理しようと考えがちですが、高齢とはいえ親は自分でお金を管理しているというプライドがあります。無理強いはよくありません。近年、各自治体や警察が詐欺予防手段をさまざまに発信しています。情報を集めて、親の家の予防対策をしっかり実行しましょう。

接し方のテクニック

詐欺被害を防ぐための対応

NG

一人で留守番させる
親の持ち物を確認しない
詐欺や悪質商法に引っかからないと思っている

POINT

デイサービスやヘルパーを利用すれば、孤独感も解消できます。振り込め詐欺防止の留守番電話を設定し、一人暮らしの場合は、定期的に部屋のチェックをしましょう。

GOOD

一人で家にいる時間を短くする
家の中に見慣れない品物や契約書がないかを確認
留守番電話など詐欺予防対策を早急にする

ドクターアドバイス

高齢者が被害にあいやすい理由は、判断力の低下と深い孤独感です。

親子の会話を増やして、家族一丸となって対策しましょう。

実行機能障害

電車やバスの乗り方がわからなくなる

本人の気持ち

昔からよく利用しているのに
どのバスに乗ればいいのかわからない

本人の意欲を尊重し、サポートする

認知症の人にとって、バスや電車に乗るのはハードルが高い行為です。特にバスは、地域や路線によって乗り方が異なるので、認知症でなくても慣れていないと戸惑います。ましてや、認知症の人は注意力も落ちているし、不安な気持ちを抱えたまま乗っていると集中力を欠いて、自分の降りる駅より早く降りてしまったり、乗り過ごしてしまったりします。

それでも、乗り物に乗ってどこかへ出かけたいという気持ちがあるなら、**「本人の意欲を尊重する」のが認知症介護の原則**です。心配なら電車やバスが空いている時間帯を選んで一緒に出かけて、サポートしてあげましょう。GPS機能のついたシューズなどを利用すると、居場所がつかめるので安心です。

接し方の テクニック

外出をサポートするための対応

GOOD	NG
GPS機能つき靴のおかげで居場所がわかれば安心。	外出を厳しく禁止し、叱責する。
バッグや服に連絡先がわかる物を入れておく。	靴もバッグも隠して、家から出さないようにする。

みんな戸惑い、不安を抱えている

認知症の親を介護する家族 200人アンケート

私のクリニックに来院される認知症患者さんの
ご家族にアンケートを実施。親が認知症と診断されたときの気持ちや
コミュニケーションの悩みについて伺いました。

※200名（男性58名、女性142名）にアンケートを実施。認知症の親との同居率は52パーセント。

Q1. 認知症に気づいたときの親の年齢は？

日常生活に支障が出ると認知症を疑いだす

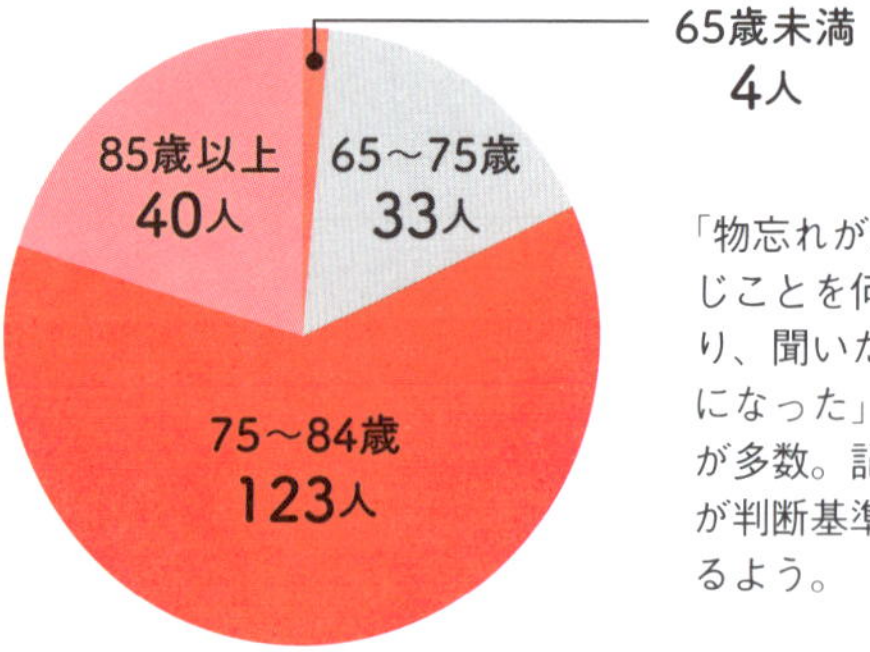

「物忘れが増えた」「同じことを何度も言ったり、聞いたりするようになった」という回答が多数。記憶力の低下が判断基準となっているよう。

Q2. まず、どこに相談しましたか？

地域包括支援センターは地域の医師と連携している

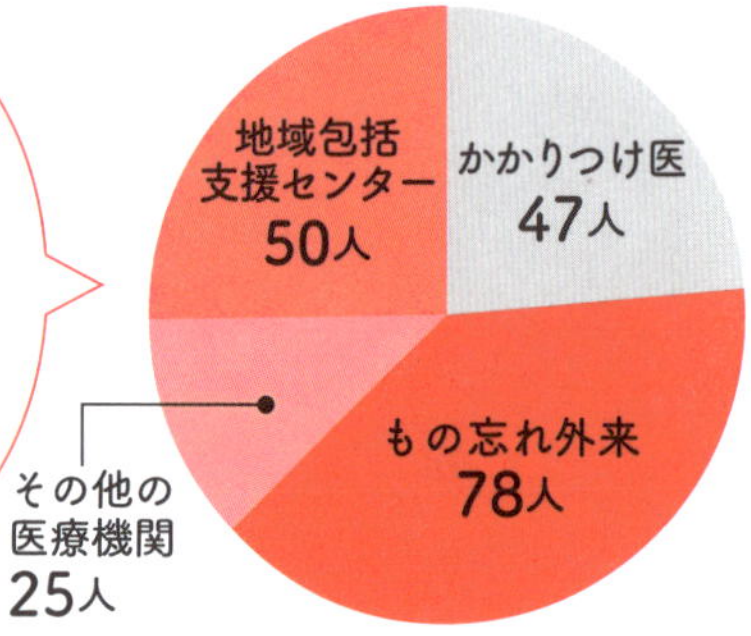

約４割の人が「認知症かも？」と気づいてから３か月未満で医療機関などに相談。その一方、約３割の人が１年以上経過してから相談している。

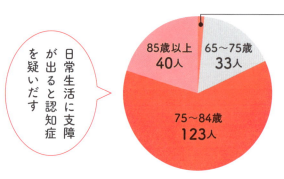

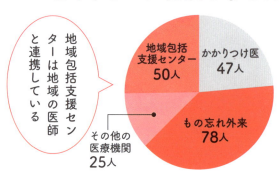

Q3. 親が認知症と診断されたとき、どう思いましたか？（複数回答、無回答1名）

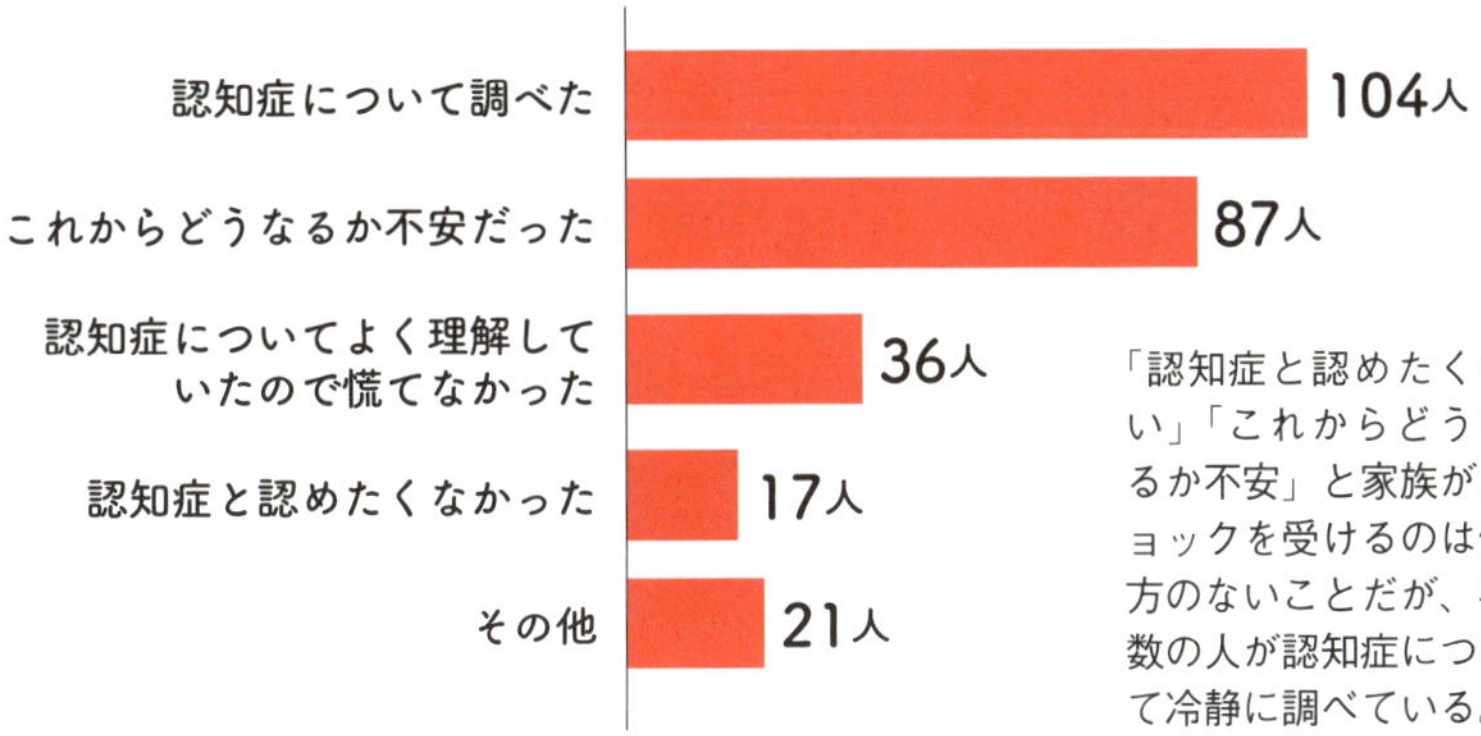

「認知症と認めたくない」「これからどうなるか不安」と家族がショックを受けるのは仕方のないことだが、半数の人が認知症について冷静に調べている。

- ▶「まさか、うちの親が!?」と思った。（59歳・女性）
- ▶進行を遅らせる薬があると知っていたので心配しなかったが、実際介護が始まると大変だった。「甘く見ていた…」かもしれない。（57歳・女性）
- ▶パーキンソン病と同時に発覚したので、とても困った。（42歳・女性）
- ▶行政の支援体制などについての情報も探した。（52歳・女性）
- ▶「やっぱりそうか…」という気持ちと認めたくないという気持ちが入り乱れた。（61歳・女性）
- ▶亡父が認知症だったので、またか!!という恐怖感があった。（58歳・女性）
- ▶親がかわいそうだと思った。（70歳・女性）
- ▶ショックのひと言。（52歳・男性）
- ▶「やっぱり認知症か」と原因がわかって少し安心した。（45歳・女性）
- ▶妻の両親が認知症だったので、冷静に対応できた。（57歳・男性）
- ▶「とうとう来たか…」と思った。（49歳・女性）
- ▶後から考えると、あれがはじまりだったのかな？という兆候があった。（63歳・女性）
- ▶本人が穏やかだったので、心の準備ができた。（59歳・女性）
- ▶病気の症状だと知って、少し気持ちがラクになった。（62歳・女性）
- ▶早期対応の大切さを実感した。（51歳・女性）
- ▶高齢なので当然と思った。（58歳・女性）
- ▶介護の仕事や看護師をしている娘たちに相談した。（56歳・女性）

Q4. 困っている言動はありますか?

▶服薬や入浴の拒否。ゴミを回収して家に持ち込む。(57歳・女性)

▶失禁後のパッドをトイレのゴミ箱に捨てず、どこかに隠してしまう。(55歳・女性)

▶お金や物に強い執着があり、「お金を盗られた」「なくなった物を返して」などと言う。(53歳・女性)

▶手持ち無沙汰になると冷蔵庫を開けて、手当たり次第食べてしまう。(45歳・女性)

▶テレビショッピングがやめられず、洋服の大人買いをする。(57歳・女性)

▶気になることがあると1日に20〜30回も電話がくる。自分は何でもできると思っていて、買い物に行き、迷子になる。(62歳・女性)

▶食事を菓子パンやアイスクリームだけですまそうとする。物のしまい場所を変えてしまい、すぐに忘れる。(57歳・男性)

▶デイサービスに通う前までは万引き行為があり、お金を持たせないようにしたら理解されずネガティブな発言をされ困った…。(52歳・女性)

Q5. コミュニケーションで困っていることは?

▶どんなに明るい声かけをしても投げやりな返事やネガティブ発言が多くてへきえきしてしまう…。(50歳・女性)

▶いつも笑顔で接したいと思っていても疲れていたり、忙しいときは、ついキツい言葉を使ってしまい、落ちこんでしまうことが少なくないです。(59歳・女性)

▶被害妄想の症状があり、親戚にウソをついて困る。(53歳・女性)

▶「なんで生きているのか?」「早く死にたい…」といった発言ばかりされてつらい…。(62歳・女性)

▶もともとの頑固で自信過剰な性格が強くなり、言い争うことが多くなった。私の体調がストレスで崩れ、一緒に住めなくなった。(51歳・女性)

▶話が一方通行で否定されると怒り出す。1日中自分の生い立ちを悔やみ、家族への不満を聞かされることも…。(62歳・女性)

▶少しでも命令口調になると怒り、話し方や接し方が気に入らないと言うことを聞いてくれない。(48歳・女性)

Q6. 親とのコミュニケーションで意識して行っていることは？（複数回答）

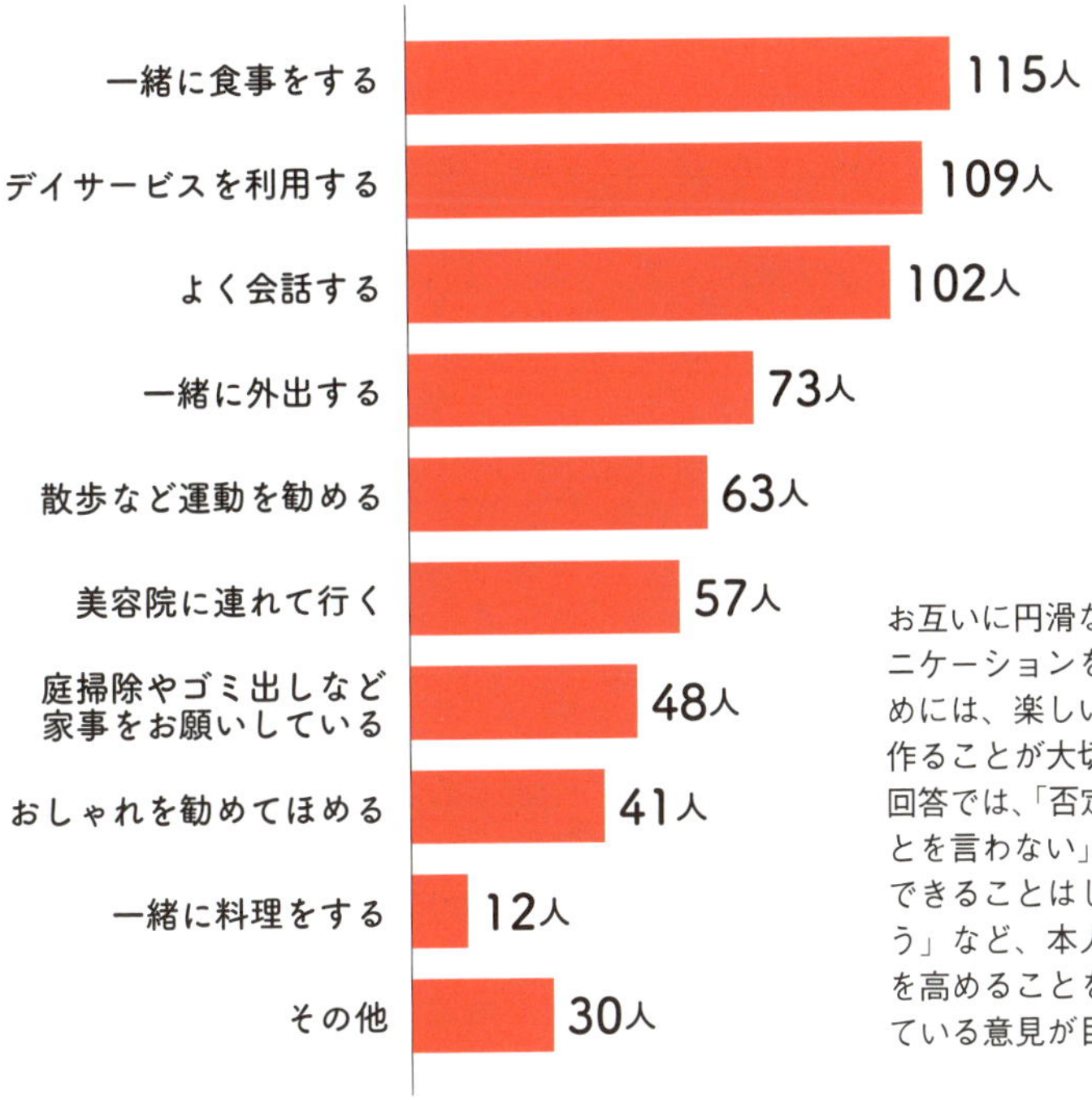

お互いに円滑なコミュニケーションをとるためには、楽しい時間を作ることが大切。自由回答では、「否定的なことを言わない」「自分でできることはしてもらう」など、本人の意欲を高めることを心がけている意見が目立った。

- 母の興味のあるテレビ番組を一緒に見て共感する。世界の大自然や珍しい動物の映像を見るのが楽しいようだ。（64歳・女性）
- つい「〜やって！」ときつい口調で言ってしまう私…。１日１回は、必ず短い時間でも会話するよう心がけている。（55歳・女性）
- 一緒に内転筋を強化するために、食後に薪割り体操を10回行っている。（59歳・女性）
- 毎晩電話をかける。（51歳・女性）
- 外食や銭湯に一緒に行く。（47歳・女性）
- ゆっくりと話す、否定的なことは言わない。（51歳・女性）
- 米とぎやパッチワークをやってもらっている。（50歳・女性）
- わかりやすい言葉を使う。答えづらい質問をしない。ゆっくり話す。（57歳・女性）
- 簡単な食事の準備や洗濯物をたたむなど、できる範囲の家事をしてもらう。（57歳・男性）

Q7. 認知症の親の介護生活で、うれしかったエピソードを教えてください。

- 母が必ず「ありがとうございます」「お世話になります」と言うので、デイサービスの方から「いつも笑顔がたえず、かわいいです」と言っていただいている。(56歳・女性)
- 頑固な性格でしたが、「仕事があるのにごめんね」と涙を浮かべて感謝してくれる。(53歳・女性)
- 昔と同じ味付けのごはんを作ってくれた。(57歳・女性)
- 孫との会話で笑ってくれたり、私の妻の心配をしてくれたりすること。(55歳・男性)
- 実家に行くと笑顔で迎えてくれたり、食後に果物をむいてくれるなど、さりげない気遣いがうれしい。(54歳・女性)
- 「助かったわ〜」のひと言で苦労が吹き飛ぶ。(58歳・女性)
- 私の夫のことを自分の兄だと思って、慕っている様子はほほえましい。(45歳・女性)
- 恥ずかしくなるくらい、よくほめてくれる。(55歳・女性)
- 必ず「ありがとう」と言ってくれる。妻が病院に付き添ったときは、おこづかいまでくれる。(55歳・男性)
- 行く前は拒否していたが、旅行先で「来てよかった」と言ってくれた。(55歳・女性)
- 一緒に食事に行くと「おいしい、おいしい」と喜んでくれる。(66歳・女性)
- 母がデイサービスで習字の賞を頂き、展覧会を一緒に見に行ったときは、とても喜んでいた。(60歳・女性)

親御さんが認知症を発症してからの方が、子供たちにストレートに喜びの表現をしたり、感謝の言葉を伝えたりしているケースが数多く、驚きました。
認知症介護は山あり谷ありですが、「幸せな瞬間」を大切にしているご家族にエールをおくりたいと思います。

第3章

行動や心理の異常から起こる困った行動

ここでは、「BPSD（行動・心理症状＝問題行動）」をとりあげています。第2章の中核症状とは違い、人によって出たり、出なかったりする症状です。

自発性低下

ふさぎ込んで何もしなくなった

本人の気持ち

できないことが増えていき不安だ。何もする気が起きない…

「自発性の低下」から認知症の進行が早まってしまう

認知症の初期症状として見られるものに**「自発性の低下」**があります。「意欲の低下」とか「無気力」などとも言われ、うつ病と間違われやすいのですが、まったく別のものです。

外出好きだった人が家に引きこもるようになったり、新聞やテレビを見なくなったり、熱心にやっていた趣味に興味を失ったり、要するにすべてのことにやる気をなくしてしまいます。これは、**脳の神経伝達物質で、意欲を維持する働きのあるアセチルコリンの分泌が減る**ことで起こります。自発性の低下は、とても重大なBPSD（問題行動）なのですが、目立つ症状ではないので、「年をとればこんなものか」と見過ごされてしまうのが問題です。

認知症の症状でいちばん家族を悩ませるのは、徘徊《はいかい》や暴力といった陽性のBPSDです。それに対して自発性の低下は、非陽性のBPSD、私は「おとなしい認知症」と呼んでいます。

脳の神経伝達物質アセチルコリンを増やす薬が有効

認知症で最も深刻な症状は、徘徊や暴力と思われがちですが、実際には陽性のBPSDはそれほど多くはありません。私のクリニックのデータでは全体の3分の2を占めるのは、実はおとなしい認知症。これこそが重要な症状です。

自発性の低下がなぜ重要視されるのかというと、ほかの症状にも悪影響が及ぶからです。お風呂に入りたがらない、料理をしなくなった、部屋を片付けない、おしゃべりしなくなったなどは認知症特有の症状、能力の低下によって起こります。

そこに自発性の低下が加わると、「自分でできることをやろう」とする意欲がますます低下し、認知症の進行が早まってしまうのです。そのため、**意欲の低下を抑え、やる気を維持してもらうことは、認知症の治療ではとても重要なのです。**

薬物療法として、アリセプトなどのコリンエステラーゼ阻害薬が有効で、アセチルコリンを増やして意欲を維持する働きがあります。また、非薬物療法として本人が意欲的になる接し方や声かけが重要です。

接し方のテクニック

「自発性の低下」が見られる親への声かけ

NG

「何をやらせてもダメね」

「暗いことばっかり言わないでよ」

「そっとしとこう」（一人でほうっておく）

POINT

本人を否定せず、受け入れ共感する姿勢を心がけましょう。励ましの声かけだけでなく、一緒に外出したり、食事をしたり明るく前向きな接し方が大切です。

GOOD

「私たちがいるから大丈夫よ」（本人を安心させる）

「頑張ればできるよ！　元気を出して！」

「一緒に洗濯物をたたもう」（気分転換を促す）

ドクターアドバイス

- 「自発性の低下」は能力低下につながりやすく注意が必要な症状です。
- 「あなたは大切な人」と折に触れて伝え、自己肯定感を高めましょう。

認知症治療の診察室から

アルツハイマー病をうつ病と誤診してしまう「自発性の低下」

アルツハイマー病の人の初期症状としてよく見られる「自発性の低下」。老年期のうつ病と症状がよく似ているため、医師でさえアルツハイマー病をうつ病と誤診してしまうことがあります。しかし、アルツハイマー病とうつ病はまったく異なる病気で、もちろん治療法も違います。そのため初期にこのような症状が現れたときは、正しく診断してもらうことが大事です。

医師の集まりで認知症の講演をすると、「この2つをどう見分ければいいのですか？」とよく質問されます。いちばんのポイントは、物忘れに対する自覚があるかどうかです。「物盗られ妄想」を見てもわかりますが、アルツハイマー病の人は、自分がどこかにしまい忘れた物でも「誰かに盗まれた」と人のせいにして、自分が悪いという自覚はありません。つまり〝他罰的《たばつてき》〟です。

それに対してうつ病の人は〝自罰的《じばつてき》〟で、物忘れが増えてきたという自覚を持っていることが多く、「自分はダメな人間だ……」と、ネガティブな思考回路になる傾向があります。簡単に言うと、**物忘れに対する深刻度が、アルツハイマー病の人よりうつ病の人のほうがはるかに強いのです。**

また、うつ病は低気圧が近づくとふさぎこみがちになりますが、アルツハイマー病は落ち着きがなくなることがあります。夕方になるとうつ病は気分がラクになるのに対し、アルツハイマー病は不安が強くなって帰宅願望が出る人がいます。

うつ病と認知症を正確に診断するには、画像診断をして脳の萎縮があるかないかを調べるのがいちばん確実でしょう。うつ病とわかれば過剰に励ますことは避けたほうがいいのですが、もしアルツハイマー病なら、周囲の人ができるだけ働きかけて、よい刺激をたくさん与えるようにしてください。

暴言・暴力症状

すぐにキレる、暴力をふるう

本人の気持ち

否定されるとつらい……。私のことをバカにしないでほしい!

プライドを傷つけられる言動に敏感に反応する

大声で怒鳴る、キレる、誰かれかまわず暴力をふるう、などの陽性のBPSD（問題行動）があると家族も手を焼きます。まずは、どんなタイミングで症状が出るのか、原因を見つけましょう。よくあるのはプライドを傷つけられたとき。**認知症の人は感情の抑制ブレーキが効かなくなっているので、自分の要求を否定されたり、弱点や矛盾点を指摘されたりすると、「バカにするな！」と逆上しやすいのです。**

こんなときは、ひとまず「あなたのことを気にかけていますよ」と、受け入れる態度を示しましょう。認知症であっても、プライドを傷つけるような言動は敏感に感じ取るし、特に、親は子供に対しては常に優位に立ちたがるものです。その心境を察して、「何をおかしなこと言ってるの、こうでしょ！」などと正論でやり込めないようにしましょう。

ほかにも、話したいのに言葉が出ない、言われた内容を理解できないなど、思い通りにならない自分自身にイライラしていることも原因になります。

笑顔を心がけて、味方であることをアピール

本人なりにもどかしくつらい気持ちでいっぱいなのに、叱ったり指示されたりすると混乱して、ますます怒りを爆発させてしまうのです。複数のことを伝えるときは、本人がちゃんと理解しているか、一つひとつ確認して次の話題に移りましょう。

体力が余っていると、そのはけ口として怒りを爆発させることがありますから、デイサービスで体操やレクリエーションを行い、体を動かすのも方法です。こういった陽性のＢＰＳＤ（問題行動）には、気持ちを穏やかにする効果のある薬（メマリーなど）が有効ですが、体力を消耗するだけで薬も最小限の量ですみます。

そして、こういうときこそ、ぜひ笑顔を心がけてください。相手が怒っているかといって、こちらまで険悪な顔つきにならないように。**認知症の人は相手の表情を見て、その人が敵か味方かを判断します**。家族が怖い顔をしていると「自分を否定する敵だ」と認識して、怒りを増幅させます。一方、笑顔は「あなたの味方ですよ」というフレンドリーな雰囲気を作るので、怒りが鎮まります。

接し方のテクニック

本人のいらだちを治める対応＆声かけ

NG

- 説得しようと必死になる
- 納得するまで説明し続ける
- 正論でやりこめる

POINT

感情的に対応しても効果はありません。少し距離を保って見守りましょう。暴力的な症状は、病気が進行すると自然に治まっていくこともあります。

GOOD

- 穏やかな笑顔で安心させる
- 怒りの現場から離れ、落ち着くのを待つ
- 「おやつを食べない？」と気をそらす

ドクターアドバイス

- 暴言や暴力は体力が余っている証し。昼間は体を動かし体力を消耗させて。
- 症状によっては、薬物療法も効果的です。家族で抱え込まず医師に相談を。

認知症治療の診察室から

攻撃的な問題行動と、認知症の進行度は必ずしも一致しない

攻撃的なBPSD（問題行動）に困り果て、「先生、以前はこんな父ではなかったのに、認知症になって性格が悪くなりました」と嘆くご家族がいます。また、何度注意しても困った行動を繰り返すお母さんに、「あれは、わざとやっているのでしょうか？」と聞いてきた娘さんもいます。

そんなとき私は、「性格が悪くなったのでも、わざとやっているのでもありません。感情のブレーキがきかなくなったり、記憶力が低下したことが原因。すべて認知症という病気のなせるわざ、悟りの境地で対応してください」と答えています。病気の症状なのに、「性格が悪くなった」「私への当てつけでやっている」などといった見方をしてしまうと、本人も家族も救われません。

ただし、怒りっぽい、イライラしやすい、神経質などといった、その人が本来持っていた性格が、認知症になって自制心というタガがはずれたために顕在化するという面はあるかもしれません。

ひとつ大事なことは、**BPSDが目立つからといって、重症の認知症とは限らない**ということです。BPSDはその人の心理状態や周囲の環境によって起こるもので、問題行動が出る人もいれば、最後まで出ない人もいるし、出る場合でも、初期から出る人、進行してから出る人とまちまちです。

認知症の進行度合いを評価するのは中核症状がどれだけ保たれているかという点が重要です。キレたり暴力をふるう人でも、髭を剃ったり、お風呂に入ったり、適切に洋服を着替えたり、日常生活を変わらず続けている人もいます。こういう人はMMSE※の点数も高く、中核症状は維持されています。BPSDが目立つことと認知症の進行度は必ずしも一致しないのです。派手な問題行動に惑わされないようにしましょう。

※MMSE：ミニメンタルステート検査。認知症スクリーニング検査のひとつ。

拒否症状

お風呂に入ろうとしない

本人の気持ち

裸になるのも、体や髪を洗うのも、着替えるのもぜ～んぶ面倒くさい

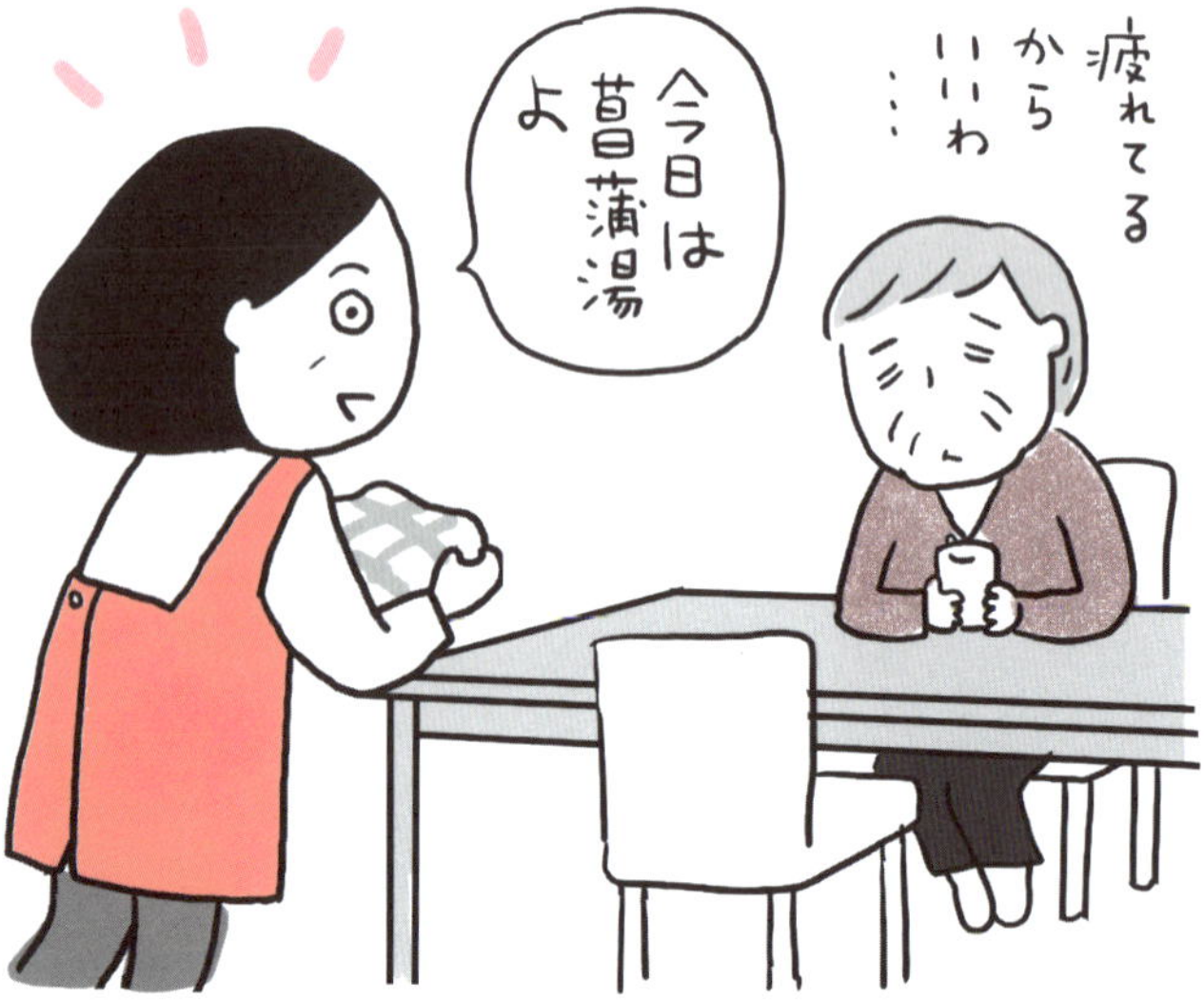

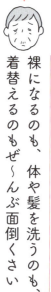

デイサービスなら抵抗なく入浴してくれる

入浴を嫌がる最大の理由は、疲れて面倒くさいからでしょう。入浴は想像以上にエネルギーを使う行為です。お年寄りは生きているだけで精いっぱいなのに、認知症になると意欲も低下するため、夕食のあとなど、**もうぐったりしてお風呂に入る気力・体力がない**のです。

もし家で入浴させるなら、元気な午前中とか、外出から帰ってきたついでに誘うと、案外すんなりいくことがあります。

家では頑として入浴を拒む人でも、デイサービスに通って入浴させてもらうようにしたらうまくいったという話をよく聞きます。施設では人前で裸をさらすことになり、それを嫌がる人もいますが、ヘルパーさんもその辺は心得ているので、時間がたてば抵抗もなくなるでしょう。

接し方のテクニック

GOOD 入浴するよう誘導する対応&声かけ **NG**

GOOD
- 「散歩で汗をかいたからお風呂に入ろう」(楽しそうに)
- 家族以外のヘルパーさんなどにやさしく誘ってもらう。

NG
- 「お風呂に入らないから汚いし、最近クサい!」
- 「ほらサッサと洋服を脱いで!」とせかす。

物盗られ妄想

お金や財布を盗られたと騒ぐ

大事なお金がなくなってしまった…。
誰かに盗まれたに違いない！

なくなったのを他人のせいにする「物盗られ妄想」

「物盗られ妄想」は認知症の初期の段階から現れる、最も代表的なBPSD（問題行動）で、この症状が始まって「あ、うちのお母さん、認知症かも!?」と気づく家族も多いようです。これは**認知症の中核症状である記憶障害が原因**です。

財布や現金、通帳など、本人にとって大切な物を、「これは大事な物。なくすといけないから、絶対見つからないところにしまっておこう」と、いつもと違う特別な場所に隠すのですが、自分が隠したことも、その場所も忘れてしまって、「なくなってしまった……。誰かが盗ったに違いない！」と思い込むのです。

アルツハイマー型認知症の特徴は〝他罰的《たばつてき》〟なことです。普通なら、お金や財布が見当たらないと、自分がどこかにしまい忘れたのだと考えますが、アルツハイマーの人はそうは思いません。「誰かが盗った」と人のせいにして、身近にいる人を疑うのです。「またどこかにしまい忘れたんでしょ」と家族が必死になって探しても簡単には見つからず、後日、とんでもない場所から出てきたりします。

安心できるしまい場所を作り、物をなくす体験を減らす

当面の対応としては、たとえ自分が犯人扱いされていたとしても、否定せずに言い分を聞くことです。「なくなって大変だね。一緒に探そうね」と共感するだけで被害妄想が消えることもあります。そして、一緒に探し始めると、時間の経過とともに興奮が鎮まることも珍しくありません。なくした物を先に見つけても、本人が見つけたように仕向けると、「盗まれた」という気持ちは解消できます。

しかし、物をなくす体験が重なると、見つけることが困難な隠し場所へとエスカレートしていきます。そこで**「隠そう」という神経回路そのものが働かないように。先手を打って、物をなくす体験を減らす**ことがポイントです。引き出しや箱に目立つラベルを貼って「ここはお母さんの大事なものを入れる引き出し（箱）よ。誰も開けないからここに入れてね」と、安心できるしまい場所を作るのです。

親から泥棒と疑われるのはショックで複雑ですが、本人の「不安な気持ちをわかってほしい」というSOS信号と受けとめて接してください。

接し方のテクニック

泥棒扱いをされたときの対応&声かけ

NG

「どっかにしまい忘れたんでしょ！」と否定する

「私は盗っていません！」（怒るほどに疑いが増す）

「………」（怖い顔で無視）

POINT

一緒に探し最終的に本人に見つけさせると安心します。泥棒扱いされても時間の経過で興奮が治まります。専用引き出しは目に付きやすい場所を選んで。

GOOD

「それは大変、一緒に探しましょう」

その場を離れ、本人が忘れるのを待つ

「大事な物はここにしまってね」（目立つラベルを貼って）

ドクターアドバイス

- 妄想だとわかっていても人間関係に影響するデリケートな問題です。
- 先手を打った対応で、物をなくす体験を減らしていきましょう。

不潔行為

トイレに失敗する、汚れた下着を隠す

本人の気持ち

恥ずかしい、みっともない…。子供にだけは知られたくない！

サラリと受け止め、気を楽にさせてあげる

排泄の失敗は、大騒ぎする家族以上に、本人が大きなショックを受け、混乱しています。失敗したことは自覚しているので、「自分はいったいどうなってしまったのだろう」「子供の前で恥ずかしい」「家族に迷惑をかけて申しわけない」という、みじめさや羞恥心、罪悪感から落ち込みます。

排泄の失敗を子どもに叱られるのは、親としていちばん屈辱的なことでしょう。汚れた下着をタンスに押し込んでしまう人もいるし、私の患者さんの中には、リハビリパンツの汚れた部分をちぎってトイレに流したため、トイレを詰まらせてしまった人もいます。これも「子供にだけは隠したい」という心理の現れでしょう。

尿意を感じにくくなっていたり、トイレに行く途中でがまんができずにもらしてしまうなど、**排泄の失敗を叱ったり責めたりすると、本人が萎縮してしまいます。**「年をとれば誰だってこんなものだよ」と、サラリと受け止めてあげると、本人も気が楽になります。

貼り紙やトイレを明るくするだけで解決した例も

失敗の原因は人それぞれです。尿失禁傾向がある人は、リハビリパンツと尿取りパッドを組み合わせて使ったり、時間を決めてトイレに誘導するだけで、失敗を最小限に食い止めることができます。トイレの場所がわからないなら、**貼り紙をしてうまくトイレまで誘導**してあげましょう。

実際にあった例ですが、レビー小体型の認知症ながらＭＭＳＥ[※]は24点もある軽度なのに、夜になるとトイレの場所がわからなくなって失敗するというのです。奥様の話によると、夜は廊下の照明を消しているそうなので、「廊下とトイレを明るくしてみてください」とアドバイスしました。すると1か月後に来られて、「おかげさまでトイレに行けるようになりました」とうれしい報告を受けました。

レビー小体型認知症の人は、暗くなると物が歪んで見えたり、幻覚が見えたりします。そのせいでトイレの場所が認識できなかったり、トイレや廊下に飾ってある花や置物が怖いお化けに見えて、トイレに行けなくなることがあります。そういう場合は、照明を明るくするだけでＢＰＳＤ（問題行動）が消えるケースもあります。

※MMSE：ミニメンタルステート検査。認知症スクリーニング検査のひとつ。

接し方のテクニック

尿失禁傾向のある場合の対応&声かけ

NG

「おもらししちゃったのね」と子供扱いする

「そろそろおむつパンツにしようか？」

「汚れた下着はくさいから隠さないでよ」

POINT

トイレへ誘導する貼り紙や、トイレの扉に紙を貼るなど、場所をわかりやすくすることで改善することも。排泄のタイミングを把握し、早めに誘導することも有効です。

GOOD

大きな文字で「トイレ」の貼り紙をする

部屋からトイレまで道順を示すテープを貼る

本人に気づかれないように下着を洗濯する

ドクターアドバイス

- 尿失禁の屈辱感はずっと残るので、先回りの対応策を心がけましょう。
- リハビリパンツに頼りすぎず、早めのトイレ誘導を試みましょう。

昼夜逆転症状

昼間寝てばかりで、夜中になると動きまわる

本人の気持ち

朝なのか昼なのか、夜なのか？
今が何をする時間かがわからない

昼寝は15～20分の仮眠にとどめよう

昼間はウトウトしてばかりなのに、夜になるとパッチリ目が覚めてごそごそ動きまわる……。この昼夜逆転は、日中の運動不足とワンセットで起こる症状です。昼間に活動することも減っていき、ウトウトしてしまうのは仕方がないことですが、「ベッドや布団には寝かせないように」と、私はご家族にアドバイスしています。

人間の睡眠には、浅い眠り（レム睡眠）から深い眠り（ノンレム睡眠）に入り、また浅い眠りに戻るサイクルがあります。私たちは約90分でノンレム睡眠とレム睡眠を繰り返しています。十分な睡眠には、4回のサイクル、つまり4回の深い眠り（ノンレム睡眠）が必要と言われています。**昼寝に30分以上眠ってしまうと、ノンレム睡眠に1回入ってしまうので、夜の睡眠に悪影響を及ぼしてしまうのです。**

夜眠るために昼寝は、15～20分の仮眠にとどめましょう。椅子やソファで眠ると、多少なりとも体幹の筋肉を使って熟睡できないので、何か刺激を受けたらすぐに起きてトイレに行ったりできます。

デイサービスを利用して日中の活動量を増やす

昼夜逆転症状で夜中に動きまわる人や怒りっぽくなる人は、体力が余っています。午前中から太陽の光を浴びて、散歩や買い物などで体を動かして活動量を増やすと、イライラも自然と消えていくでしょう。

また、**太陽の光を浴びることにより、脳内にメラトニンという睡眠ホルモンが分泌されやすくなり、夜の睡眠が改善**します。さらに、デイサービスを利用すれば、会話や入浴、リハビリ体操などで体力を使うので、夜眠りやすくなります。患者さんのご家族からも、デイサービスに行った日は夜中に騒がないという話を聞きますから、デイサービスの活用をおすすめします。

それ以外にも、地域の集まり、認知症カフェなど、日中、体力を発散できる場所をより多く見つければ、睡眠リズムが整っていき、本人も介護する家族もお互いに**心身がラクになります。**

接し方のテクニック

夜中に騒ぎ出す親への対応&声かけ

NG

「夜中に騒ぐと近所迷惑でしょ！」と説教する

「うるさい！」と叱る

「もうどうにもできない……」と放置する

POINT

不安感から寝付けないときは、数分の足浴やタッチセラピーなどのケアで、安心感を与えましょう。日中の活動量が増えれば、寝付きもよくなり、昼夜のリズムが整います。

GOOD

「お茶にしましょう」（ノンカフェインのお茶をいれる）

「眠れないのね」（肩や手にやさしくタッチする）

「足浴しようね」（安心感を与えて眠りやすくなる）

ドクターアドバイス

- デイサービスなどで昼間に体を動かし、少し疲れさせるのが効果的。
- 睡眠導入剤は主治医とよく相談して。興奮を鎮める抑肝散（漢方）は安全性が高い。

妄想

突拍子もない作り話をして困る

本人の気持ち

実はよく覚えていないけど、何か答えなくちゃいけない…

隣の〇〇さんがさっきうちに来たから孫にこづかいあげたぞ
お孫さんいたかしら…

忘れた記憶を自分に都合のよい話に変えてしまう

アルツハイマー型認知症の人に非常に高い確率で見られるのが、ごまかしや取りつくろい、作り話です。これは、何か質問されたとき、「覚えてないとは言いたくない」「何か答えなければいけない」という**プライドを守る自己防衛の心理**なのです。作り話であっても、内容や話し方があまりにも自然なので、家族ですら「そうかもね」と真に受けてしまいます。

これはある方の体験談――故郷のグループホームにお母さんを見舞ったとき、入居者のおばあさんが、「うちは、家のすぐ裏手が山林だから、イノシシやシカがよくやって来るのよ。一度、勝手口から入ってきたシカに手をかまれたことがあってね」と話してくれたそうです。彼女はそれを聞いて、「へーえ、イノシシが住宅地に下りて来るというけど、シカも家の中に入って来るんですね」と驚くと、続けてそのおばあさんは「トラも来るのよ！」と言ったので、思わずずっこけたそうです。こんな笑い話のような話がよくあります。

聞くほうも作り話を楽しむぐらいの気持ちで

一方、取りつくろいの行為は、患者さんの診察で日常的に経験しています。記憶障害の程度を診るために、「最近のニュースで、何が印象に残っていますか?」と質問するのですが、「覚えていません」と正直に答える人はほぼ皆無。

みなさん「いやぁ、耳が遠くて、最近あまりテレビを観ていないんです」とか、「テレビは観るけど、印象に残っているニュースはないね」などと言って、記憶障害という自分の弱点をうまく取りつくろおうとします。そのみごとさに、私はいつも感心させられます。

作り話や取りつくろいは、アルツハイマー型認知症の人にとっては、記憶の空白を埋める生活習慣のようなもの。**本人にはウソをついているという自覚や罪悪感はまったくありません**から、「なんでウソを言うの!」と指摘しても意味がありません。聞くほうも、「もしかしたら作り話かもしれない」と思いながら、ときには用心し、ときには楽しむぐらいのスタンスがよいでしょう。

接し方のテクニック

作り話をする親への対応＆声かけ

NG

「ウソをつくのはやめて！」

「どうしてわかったふりをするの？」と問い詰める

「……」（怖い顔で無視）

POINT

ウソや作り話を指摘されると自分自身を否定されたと感じ、不安になったり怒り出すことも。とがめたりしないで話を受け流しましょう。

GOOD

「へーそうなんだ」と否定せず話を合わせる

近所の人に親の認知症を伝え、理解してもらう

うまく取りつくろったなと思いつつ笑顔で話を聞く

ドクターアドバイス

- 時には作り話を楽しんで聞いて受け流すゆとりある対応が大切です。
- ご近所などにも説明し、理解を得て、トラブルを事前に防ぎましょう。

食行動異常

食べ過ぎる、食べようとしない

本人の気持ち

「おなかがいっぱい」も「おなかがすいた」も感じない…

満腹中枢が鈍くなり、食欲をコントロールできない

認知症の人の中には脳の満腹中枢が鈍くなって、「おなかがいっぱいになった。ここらへんでやめておこう」という判断ができなくなり、過食になる人がいます。過食は不安や寂しさからきているという説もありますが、私の見るところ、心の問題というよりも、単純に**胃袋の感覚が鈍くなっている**のだと思います。施設に入所していれば食べ過ぎないよう食事の管理をしてくれますが、自宅で暮らしている人は、目の前にあるものを片っ端から食べてどんどん太ってしまいます。

今、食べたばかりなのに「ごはんはまだ？」と催促するのは、認知症の人にはおなじみの光景ですが、食行動異常症状は、食べたことを忘れているのと同時に、満腹中枢がマヒしているせいかもしれません。

家庭での対策としては、食欲に任せて食べ過ぎないように、食べる分だけ皿に取り分けてあげましょう。家族の目の届かないところで食べてしまいますから、食べ物をあまり買い置きしないこと、目につくところに置かないことも大事です。

栄養不足にならないよう食事を整える工夫を

症状が進行すると過食よりも問題となるのは、拒食というか、食べることを忘れてしまったような人です。宅配弁当を受け取ったのに、食べずにそのまま放置していたり、電子レンジの中に入れっぱなしにしていたのを、家族が帰宅して発見したという話をよく聞きます。おそらく、おなかがすいたという感覚がないのでしょう。**食欲の減退が見られたら、持病の悪化や薬の副作用などがないか、医師に診察してもらいましょう。また、入れ歯の不具合など歯科を受診するのも重要です。**

また、主食だけ食べておかずを食べないなどの偏りで栄養不足が問題になることがあります。注意力が低下すると複数の皿から食べることが難しくなるからです。丼や皿などひとつの食器に数種類盛りつけるとバランスよく食べられるでしょう。

家族が仕事の都合で難しい、または一人暮らしの場合は、訪問介護サービスでヘルパーに調理と食事介助、食べたかどうかの確認を頼むことができます。食事の拒否は命にかかわります。施設などに入ることを考えてもいいかもしれません。

接し方のテクニック

過食・拒食の親への対応&声かけ

NG

「ついさっき食べたばかりでしょ！ いい加減にして」

「夕飯までがまんしていてね！」

「どうして食べないの。病気になるよ」とおどす

POINT

満腹を感じる機能が衰えて過食しますが、不安や寂しさから食べ物に執着するケースもあります。拒食の場合は、栄養不足にならないよう注意しましょう。

GOOD

「さっき食べましたよ」（食べ終わった食器を見せ）

「今から食事の用意をしますね」と気をそらす

フルーツなどおなかにたまらない物を出す

ドクターアドバイス

- 胃袋の感覚や脳の満腹中枢が鈍ってしまったため過食になります。
- 拒食の場合は、無理に食べさせたり責めたりせず医師に相談しましょう。

嗜好の変化

甘い物ばかり好んで食べる

本人の気持ち

おかずは味がしない物ばっかり。甘いお菓子がいちばんおいしい！

味覚が衰え、極端な味を好むようになる

料理の味付けとも関連することですが、これは味覚の衰えによるものです。**認知症で味覚が鈍くなると、デリケートな味はわからなくなり、甘い、辛いなど、単純な味、極端な味を好むようになります**。なかでも甘味は、脳がいちばんおいしく感じるようで、ごはんは食べないのに、お菓子や菓子パン、アメなどの甘い物ばかりを食べるようになります。

また、食感もわかるようで、口当たりのよい物を好み、固い物や口当たりの悪い物は吐き出します。

いくら好きだからといっても、甘い物ばかりでは栄養不足になりますし、糖尿病も心配です。甘い物は目につかないところに隠し、食感をよくする調理の工夫をして、きちんと食事をとってもらいましょう。

接し方のテクニック

甘いお菓子ばかり食べる親への声かけ

GOOD

- 「ゼリーみたいなスープを作ったの」
- 「甘くておいしいとれたての野菜をもらったよ」

NG

- 「甘い物なら食べてくれるから」と自由に食べさせる。
- 「お菓子を食べ過ぎると太って病気になるよ！」

認知症治療の診察室から

急にアメを好むように…糖尿病から見つかった認知症

私が認知症の診療を始めたばかりの頃に出会った、今でも強く印象に残っている80代女性の患者さんがいます。その方は頻尿を訴えて受診して来られたのですが、検査の結果、原因は糖尿病であることがわかりました。

ご家族の話によると、数か月前から急にアメを好むようになり、1日に1袋もペロリと食べてしまうのだとか。ポケットにはいつもアメが入っていて、しじゅうなめていないと不機嫌になるのだそうです。「お母さん、ちょっと食べ過ぎじゃない？ と注意しても、そんなに食べていないと言い張るんです。わざととぼけているのでしょうか？」と娘さんが嘆くのを聞いて、ピンと来ました。

これはアルツハイマー型認知症の初期の症状ではないかと思ったのです。

アルツハイマー型認知症になると、ほかの感覚と同様に味覚も衰えるので、単純な味、極端な味を好むようになります。この方も味覚が変化したために刺激の強い甘みを好むようになり、今なめたことを忘れ、次から次と1日中アメをなめ続けているのではないかと考えました。さっそく頭部画像検査と心理検査を行ったところ、やはり私の推理は当たっていました。

アメを要求してそれが通らないと怒り出すので、自宅介護していたご家族は疲れ果てていました。そこで、認知症治療病棟に短期入院していただいたところ、アメのことはケロリと忘れて、糖尿病もあっさり改善しました。この方の場合は、まさに、糖尿病から認知症が見つかった事例です。

このように、味覚の変化で認知症に気づくことがあります。家庭の主婦であれば、料理の味付けが以前より濃くなった、食べ物の好みが変わった、などというときは、もしかしたら認知症が始まったサインかもしれません。なるべく早いうちに医療機関に相談して検査を受けることをおすすめします。

意欲低下

家の中が散らかり、ゴミ屋敷に…

本人の気持ち

捨てるとあとで困りそうだから、目のつく所に置いておこう

片付ける気力もなく、ますます散らかり放題に…

物をため込むのはお年寄りにはよくあることですが、認知症になると、単にため込むだけでなく、家の中がどんどん散らかっていきます。これがひどくなると家がゴミ屋敷と化してしまい、訪ねてきた家族もあ然としてしまうことがあります。「あれほどきれい好きだった人が……」と、周りは驚きますが、認知症の人の気持ちを知ればなるほどと思うでしょう。

郵便物や新聞、チラシなどが山積みになるのは、**重要な物と捨ててよい物を区別できなくなった**からです。そのため、市役所から来た大事な郵便物も、銀行から下ろしてきて封筒に入ったままの現金も、どうでもよいダイレクトメールやチラシの類も、「捨てたらあとで困るかもしれないから、ひとまずとっておこう」とため込んでしまうのです。分別できない上に認知症特有の意欲の低下も加わりますから、片付ける気力もなく、ゴミの山を横目で見ながら、「まあいいや」と、ますます散らかり放題になっていくのです。

目のつくところに置かないとわからなくなる

食べ物や日用品、洋服など、雑多な物が部屋中に積み重なって置かれているのは、目につく所にないと何があるかがわからなくなるからです。家族が見かねて片付けようとすると、「さわらないで！」と激怒します。おそらく、**自分でも覚えられないことは自覚しているので、「見えない場所にしまわれると困る。場所を変えないで」という抵抗の意思表示**なのでしょう。それを知らずに勝手に片付けてしまうと、どこに何があるか皆目わからなくなって日常生活が混乱してしまいます。

ただし、家の中に物があふれていると転倒し、骨折をする危険があります。高齢者が骨折した場合、そのまま寝たきりになってしまうので注意が必要です。不要な物の処分は、目の前でやると怒り出すので、本人の外出中や気づかないうちに行ってしまいましょう。「転んだら大変だから、少し片付けようか」と説得すれば、聞き入れてくれるかもしれません。認知症になると、自ら決断して物を減らすことは不可能です。それを実行できるのはご家族しかいません。

接し方のテクニック

物をため込んでしまう親への対応＆声かけ

NG

「ゴミをため込まないで！ 不潔でしょ！」

「いらない物は全部捨てますよ」

「片付けないと家にいられなくなるよ」とおどす

POINT

「家が汚いと、ここにいられなくなるよ」など、居場所をおびやかすような言動は本人を落ち込ませます。骨折や火事の心配もあるので、本人に気づかれずに片付けましょう。

GOOD

気づかれないタイミングで不衛生な物やゴミを処分

「転ぶと大変だから、片付けよう」と説得する

「一緒に掃除しよう」（大事な物を確認して保管）

ドクターアドバイス

- 判断力と意欲の低下が原因なので家族や周囲の手助けが必要です。
- ゴミを拾い集めてため込むようなら、精神疾患の併発も疑われます。

介護拒否

デイサービスをかたくなに嫌がる

本人の気持ち

知らない人ばかりの所へ行きたくない。
どんな所かわからないから不安だ…

デイサービスに通うことで問題行動が解決することが多い

デイサービスは「行ってみようかな」という気持ちになってもらうまでがいちばん大変です。人づきあいが苦手で、ずっと家で過ごしてきた人などは、いきなり大勢の知らない人が集まる所に行けと言われたら、大きなストレスを感じるでしょう。男性の中には「他人と歌ったり、踊ったり、そんなお遊戯《ゆうぎ》みたいなことできるか！」と、先入観を持っている人もいます。そもそも**デイサービスとはどんな所かを知らないために拒んでいるケースが多い**ようです。しかし、施設では職員の人たちが上手に対応してくれるので、いったん通い出したらけっこう気に入って、デイサービスの日を心待ちにするようになったりします。

また、デイサービスに通うことで生活リズムが整い、認知症に伴う入浴の拒否や有り余るエネルギーからの暴言や暴力、昼夜逆転などの問題行動が解決するケースが多いのです。職員やほかの入居者との交流で社会性も維持でき、家族にとっても、介護の負担やストレスから解放されて気持ちに余裕が生まれます。

実際に見学したり、第三者に説得してもらうのも効果的

言葉で説得してもなかなか首を縦に振ってくれないときは、実際に自分の目で見て知ってもらうことがいちばん効果的です。家族が付き添って見学に行ったり、半日ぐらい体験させてもらうといいでしょう。

ひと口にデイサービスといっても、元気なお年寄りを対象にしている所もあれば、認知症が進んだ人を受け入れている所もあり、施設によってそれぞれ独自のプログラムを組んでいます。数か所を見学して、本人と相性がよい施設を探すのがおすすめです。

家族の話には耳を傾けてくれない人でも、主治医やケアマネジャー、訪問介護のヘルパーなどの**第三者が、「お友だちもできて、楽しいですよ」「毎日、ドライブに連れて行ってくれますよ」などと説得すると、素直に聞き入れることも多い**です。

私自身も患者さんに「デイサービスに行ってください」と書いたメモを渡しており、その効果を感じています。

接し方のテクニック

デイサービスに行きたがらないときの声かけ

NG

「お迎えの車が来るから。さっさと行って！」

「みんな行っているのに、どうして行かないの？」

「行かないと私の時間がなくなるのよ」

POINT

本人のプライドを傷つけない声かけが重要。男性の方には「デイサービスも会社と同じで、お勤めみたいなものですよ」と伝えると意外とすんなり聞き入れることもあります。

GOOD

「招待されたから、一緒に行こう」

「広いお風呂もあるし、ランチもおいしいよ」

「いろんな人とおしゃべりが楽しめるよ」

ドクターアドバイス

- 知らない物、わからない所への不安や恐怖心を理解してあげましょう。
- 何度か通い、嫌がるようなら原因をスタッフに相談しましょう。

徘徊

出かけて迷子になる、行方不明になる

本人の気持ち

急に頭の中が真っ白に…。ここはどこ？　どうしよう!?

自分がどこにいるのかわからなくなる見当識障害

迷子と行方不明（徘徊《はいかい》）は少し違います。しかるべき目的があって出かけたものの、途中で道がわからなくなって帰れなくなるのが迷子です。いつものスーパーで買い物をして、いざ帰ろうとしたら家の方角がわからなくなる……、などです。ちゃんと目的地に着いたのに、用をすませてホッとしたとたん、エアポケットに落ちたように頭の中が真っ白になるのかもしれません。これは**「見当識障害《けんとうしきしょうがい》」といって、今日が何月何日か、自分は今どこにいるか、などがわからなくなった状態**です。

行方不明は、何の目的もなくふらりと出かけたり、あるいは「ここは自分の家じゃないから帰らなきゃ」といった妄想が根底にある場合が多いのですが、しばらくすると「あれ、自分はどこに行こうとしているんだっけ!?」「今、自分はどこにいるんだろう」と、わけがわからなくなるのです。近くの人に助けを求めるとか、交番を探そうという知恵も働かず、本人は家に向かっているつもりなのか、ひたすら歩き続け、まるで方向違いの遠方まで行ってしまうこともあります。

徘徊が始まる時間帯を把握して対策を

行方不明になると家族も大騒動になるし、迷った本人も途方に暮れます。家を出たことにすぐ気づいて追いかけられるように、玄関のドアにチャイムをつけたという方もいました。住所を記入した名札を付けてもらったり、携帯電話を身に付けてもらうとやみくもに探し回らなくてすみます。携帯電話は家に忘れてしまいがちですが、ＧＰＳ端末を埋め込んだ市販の靴をはいてもらったところ、常に居場所が把握できるようになり、負担感が軽くなったというご家族もいます。

ただ、徘徊には危険がつき物です。レビー小体型認知症の人は、暗くなると物が歪んで見えたり、幻視が現れたりしますし、白内障の人は曇りガラスを通して見るように視界がかすみますから、特に夕方や夜間の徘徊は、転んで骨折したり、交通事故にあうリスクも高まります。**徘徊が始まりそうな時間帯を把握しておき、そのときに話し相手になるとか、何かほかのことで気を紛らわせる**などして、出かけようという気持ちをそらす工夫をしてみましょう。

接し方のテクニック

徘徊が始まりそうな親への対応&声かけ

NG

「どこに行くの？　家を出ちゃダメ！」

「ここにいて！」と部屋にカギをかける

接し方の工夫をせずに、すぐに薬に頼る

POINT

認知症の行方不明者は年々増加。出かけるタイミングで引きとめましょう。外出できないようにカギを替えたり、徘徊探知機器や位置情報サービスを利用するのも方法です。

GOOD

「外出前におやつを食べない？」と気持ちをそらす

外出に付き添い「ごはんだから家に帰ろう」と声をかける

ドアチャイムをつけ、外出したことに気づくようにする

ドクターアドバイス

徘徊が頻繁になると交通事故、熱中症、凍死などの危険性が高まります。

一人暮らしで徘徊のある場合は、ケアマネジャーに相談しましょう。

夕暮れ症候群

夕方になると「家に帰る」と言ってきかない

本人の気持ち

お父さんとお母さんが待っているから帰りたい！

むきになって言いきかせても効果はない

帰宅願望も認知症の人に代表的なBPSD（問題行動）です。グループホームに入っている母親が、夕方になると「家に帰りたい」とひんぱんに訴えるので、娘さんが自宅に連れて帰ったところ、「ここじゃない。○○市の家に帰る」と言うのだそうです。○○市とは母親が子供時代を過ごした町で、その家はとうの昔になくなっています。「母の心は娘時代に戻っているのですね」と娘さん。

認知症の人が「家に帰りたい」と言うときは、このようにタイムマシンに乗って、**両親や兄弟姉妹と過ごした幸せだった昔に帰りたがっている**ことがよくあります。

また、幼い子供のことが気がかりで、「早く帰ってごはんを作ってあげなきゃ」と思っている人、「ここは人様の家だから泊めてもらうわけにはいかない」と言う人もいます。それを言葉通り受け取って、「何を言ってるの!? ここはお母さんの家でしょ。ほら、表札を見て。ちゃんと名前が書いてあるでしょ。帰る家はここなのよ」などと、むきになって言いきかせても聞き入れてくれないでしょう。

家族は役者になり、親の世界を受け止めましょう

こういうとき私は、ご家族にいつも「役者になってください」と伝えています。また始まったなと思ったら、まずは笑顔で相手の言うことを認めてあげてください。「うちに帰りたいのね。でも、もう遅いから、明日帰りましょう。今夜はここに泊まっていってね」と、とりあえず**問題を先送り**します。すると、本人は自分の要求を認めてもらったので、「これ以上この人に不満をぶつける理由はないな」と納得します。

グループホームなどでは、「○○さん、タオルをたたむのを手伝ってくれますか？」「お茶を飲みましょうか」などと言って、**関心をそらす**ようです。すると、今まで帰りたいと言っていたことをケロリと忘れてくれます。どんな声かけが効果的なのか、状況に応じてよい方法を見つけてください。

繰り返しますが、相手は病気なのだということを念頭に置いて、家族はどんなときにも役者になってください。それがお互いストレスフリーでいられるコツです。

接し方のテクニック

「家に帰る」と言ってきかない親への対応&声かけ

NG

「どこに帰るの、家はここでしょ!」「帰る家なんてないよ」と強引に引きとめる

「現実を見てよ!」と本人の世界を否定する

POINT

現実とは違う言動があっても、否定しないで本人のいる世界を尊重し、その世界に寄り添い受け入れましょう。簡単な用事を頼み、帰りたい気持ちを忘れさせるのも方法です。

GOOD

「帰る前にお茶だけでも」と関心をそらす

「もう遅いから泊まっていってね」とやさしく語りかける

「そこまで送りますよ」と近所を散歩する

ドクターアドバイス

- 見当識障害によって、自分がいちばん輝いていた時代に記憶が戻ることがあります。
- まずは本人の要求を受け入れて、関心をそらせるとよいでしょう。

認知症治療の診察室から

適切な治療と対応でMMSEが一気にアップした例

認知症の度合いを測るMMSE（ミニメンタルステート検査）については、すでに何度もお話ししました。これは現在、世界で最も広く使われている認知症の実力判定テストで、30点満点で24点以上であれば正常とされます。

認知症がどの程度進行しているか、薬が効いているかどうかを知るには、このような客観的な判定が有用なので、私もこのMMSEをよく使っています。

認知症は進行する病気ですから、薬を飲んでも、効果は期待できないと考える方がいるかもしれません。ところが、なかには、最初のテストで15点程度だった人が、6か月ほどの投薬治療で一気に25点まで上昇した例もあります。

点数だけではイメージしにくいと思うのでわかりやすく説明すると、15点は中等度まで進んだ認知症、それが25点になったということは、年齢相応の正常範囲に改善したということになります。薬を飲んで落ち着いて課題に取り組めるようになったら、考えがまとまるようになり、テストの点数もグンと上がったということなのでしょう。

ＭＭＳＥの点数だけではありません。この方は家族を悩ませていた問題行動も減少し、生活リズムも整って、その人本来の日常生活を取り戻すことができました。この方のように**相性のよい抗認知症薬の投与を受けることができれば、治療効果が期待できる**のです。

薬だけでなく適切な接し方も欠かせません。ある方はご主人に、「あなたのお世話をしたいのに、怒ってばかりでは、もう私も愛想が尽きるわよ。一緒にいたいなら、私の言うことを聞いてね」と言って、うまくご主人を説得したそうです。アメとムチを使い分けることも大事でしょう。

認知症介護の泣き笑いコミュニケーション

認知症の親とどう接していますか？

認知症の親を介護している３人の方に、介護生活の悩み、コミュニケーションのエピソード等について語っていただきました。

※榎本内科クリニックを受診されている患者さんのご家族に取材ご協力いただきました。

急に攻撃的になった母。仕事と家事を続けながら、穏やかさを取り戻しました

（M・Sさん 60歳女性、母86歳）

母は父と一緒に電気部品の問屋を営み、今は弟が後を継ぎ、私も店を手伝っています。3年前に父が亡くなってからも母は仕事を続けていましたが、84歳の頃に異変がありました。

物静かで穏やかな性格だった母が、娘の私に対して急に攻撃的になり、表情も険しくなりました。「お母さんが変わってしまった……」とショックもありましたが、ひどい言動を受け止めきれず、大ゲンカになることもしばしばありました。

息子に相談したところ、インターネットでいろいろ調べ、「認知症かもしれないから、病院に行ったほうがいいよ」とアドバイスされました。タイミングよく、親しくしているお客さんから、榎本内科クリニックを紹介してもらい、すぐに受診したところ、初期の認知症と診断されました。

治療を始めてから約1年が経ちますが、症状に合わせて薬を変えてもらいながら、現在は症状も落ち着き、物忘れはあるものの店の掃除や電話番などもできています。デイサービスにも通い始めましたが、お気に入りの若い男性スタッフがいるらしく、いそいそとお化粧やおしゃれをして出かける姿が微笑ましいです。今思うと、認知症と診断されても、家に引きこもらず、いろいろな人と接することで刺激を受けているのがよかったようです。最近は、私とのおしゃべりも活発になり、昔のボーイフレンドの名前や父との旅行の思い出などを幸せそうに話す表情に安堵しています。

行政サポートを受けながらきょうだい3人で連係プレー。頼ってくれる母に長生きしてほしい

（T・Fさん　64歳女性、母94歳）

シングルマザーで私たちを育ててくれた母は、75歳まで仕事を続けました。趣味は旅行で、78歳のときにニューヨークに一緒に行くほど元気でした。ところが80歳になって高血圧と診断され、母は弟と2人でわが家の近所に引っ越してきました。

85歳頃から物忘れが増えてきましたが、おしゃれが大好きだった母が、服装に無頓着になったのが気になり、病院を受診したところ、認知症と診断され、治療を始めました。

しばらくの間は、料理や家事の得意な弟と穏やかに暮らしていましたが、90歳を過ぎてからは「味がわからない、もう料理ができない」と、ネガティブな発言が増えてきました。そんな母を励ましながら、一緒に料理を作り、「やっぱりお母さんの煮物は最高においしいね」とほめると笑顔で応えてくれました。

弟は仕事をしながらも手厚い介護をしてくれていましたが、母はだんだんと脚が弱くなってトイレに間に合わないことが増え、昼間の留守番も難しくなったため、デイサービスやショートステイを利用するようになりました。

現在は、朝晩が弟、昼間は私が介護をして、遠方に住む兄が休暇のたびに母に会いにきてくれる、きょうだいの連係プレーがうまくいっています。

昔の母は、子供たちに決して弱音をはかず、頼ることもありませんでしたが、認知症になってからは、私たちを頼るように手をギュッと握り締めて歩いてくれる——それがうれしいです。これからもいろいろな行政サポートを受けながら、きょうだい3人で介護を続け、母に長生きをしてもらいたいと思っています。

元気だった父が70代半ばで認知症に。デイサービスを利用し、老々介護の両親をサポートしていきます

(R・Sさん 50歳女性、父83歳)

私は幼い頃からずっと父の仕事で、アメリカで暮らしていました。父は70歳で退職してからは母と旅行したり、近所に住む私たち家族と食事や外出をして、老後生活を楽しんでいました。

ところが70代半ば頃から、長年通っていた理髪店への道に迷ったり、ゴルフ練習場に行く度に1万円のプリペイドカードを毎回新しく購入してしまうなど、物忘れや失くし物が増えてきました。

私は認知症を疑い、専門病院を受診して、認知症と診断されました。予想はしていたものの「やっぱり……」と家族全員が落ち込みました。

車が大好きな父ですが、免許を返納させて、車も処分しましたが、毎日のように「車はどうした?」と聞かれます。繰り返される質問には、丁寧に答えようと心がけるのですが、こちらの体調が悪いときは正直ツラいです……。父と1日中一緒にいる母は、介護疲れから帯状疱疹《たいじょうほうしん》を患うこともあり、家族だけの介護の困難さを実感しました。

幸い今は、男性の利用者が多いデイサービスに、週3回通えることになり、マージャンや囲碁などを楽しんでいます。また、デイサービス以外の日は、母とスポーツジムに行って体を動かしています。

認知症治療を始めて5年ですが、おかげさまで進行はゆるやかです。昨年は私の娘も交えて、長年住んでいたアメリカを訪れましたが、水を得た魚のようにいきいきとした父の表情にびっくりしました。これからも両親の穏やかな生活が長く続くようにサポートしていきたいです。

第4章

認知症治療に関する誤解&息抜き介護のススメ

その人らしい生活をできるだけ維持することが認知症治療の目標

ひと昔前までは、認知症は〝痴呆《ちほう》〟などと呼ばれ、悲惨な結末をたどる特殊な病気と思われていました。しかし、超高齢社会になった今では、認知症は年をとれば誰でもなりうる、ごくありふれた病気になりました。ただ、そうは言っても多くの人は、自分の親が認知症になって、初めてこの病気と身近に向き合うことになるのではないでしょうか。

変わっていく親の姿を見て、「どう付き合っていけばよいのだろう？」「どんどん病気が進行して、最後は家族の顔もわからなくなってしまうのだろうか……」と、大きな不安を抱えます。世間の認知症に対するイメージには誤解も多いので、無理もありません。しかし、認知症という病気を正しく理解すれば、むやみに不安になったり、絶望したりすることもなくなります。

まず**大事なことは、病気の早期発見**です。「最近、どうも様子が変だな」と周りが気づいたら、できるだけ早く専門医の診断を受けてください。初期のうちから投薬治療を始めれば、長くその状態を保つことができます。よい治療を受けるためには、中核症状（能力低下によりできなくなること）と、ＢＰＳＤ（周囲が手を焼いていること）を整理して医師に伝えることをおすすめします。

そして、**最も重要なのは「上手な接し方」と「薬による治療」**です。上手な接し方とは、認知症の人の気持ちを理解した対応のこと。しかし、それだけで認知症を乗り切ろうというのは難しい話。認知症は脳の病気なので、やはり薬での治療が必要です。しかし、認知症の薬についても誤解が多いのが現状です。本書を参考にして、認知症治療について正しく理解してほしいと思います。**認知症はうまく対応し、薬も上手に使うことで、病気の進行がゆるやかになり、その人らしく過ごせる時間をできるだけ長くしてあげることが可能**なのです——。それが認知症治療の目標です。

Q 認知症は治らない？ 予防もできない？

進行をゆるやかにして穏やかな生活を長く続けることはできる

認知症になってしまったらもうおしまい、だから病院へ行ってもムダ――いまだにそう信じている人は多いようです。

しかし、これまで約1万人の認知症患者さんを診てきた私が自信を持って言えるのは、①家族が正しい知識を持って対応する、②きちんとした診断のできる病院で、その人に合った薬を処方してもらう、この2つを守れば、認知症は世間一般で言われているほど悲惨な状態に進むことはありません。

認知症の代表であるアルツハイマー型認知症は、脳の海馬《かいば》が萎縮してしまう病気で、これを元に戻すのは現在の医学では不可能です。認知症は進行性の病気ですが、今述べた2つを守れば、進行がゆるやかになり、その人らしく日常生活が送れ、BPSD（問題行動）も減り、家族や周りの人とコミュニケーションがとれて穏やかに過ごせる期間を長く続けることができるのです。

とはいえ、認知症は予防できないのでしょうか？

食べ物や脳トレ、有酸素運動を始め、認知症予防に効果があると言われていることは多数あります。しかし、確実な予防法は見つかっていません。現段階でアルツハイマー型認知症の発症予防と進行を遅らせるのに信頼度が高い生活習慣は、「**週に3回以上、1日30分以上のウォーキングをする**」ことです。ただし、認知症予防に効果があると言われていることを習慣づけるのは大切ですが、振り回され過ぎないことも重要です。

アルツハイマー型認知症の原因となるアミロイドβ《ベータ》タンパクは発症の20年前からたまり始めています。これを予備軍の段階でPET※検査で見つける方法も開発されています。しかし、保険適用ではないし、また、たまった段階で見つかっても脳の働きを元に戻せるわけではないので、画期的な予防法とはまだ言えないでしょう。

※PET検査：陽電子放出断層撮影法

Q 認知症になると何もわからなくなる？

うれしい、悲しいなどの人間らしい感情や、昔の記憶は残っている

どうせ何もわからないだろうと思っていたら、「ありがとう」と感謝の言葉をかけられて、ハッとすることがあります。認知症という病気は過小評価されがちですが、言葉にはならなくても、うれしい、さびしい、悲しい、つらいといった人間らしい感情はちゃんとあります。**たとえ目の前にいる人が自分の子供だと認識できなくても、大切に思う気持ちや昔の記憶は残っています。**

外食や旅行などの楽しい経験をすれば、経験そのものはすぐに忘れても〝幸せ感〟は残ります。会話は成立しにくくても、話しかけられればうれしいものです。いい感情を刺激することが能力の維持につながり、ＢＰＳＤを最小限に抑えます。

Q 認知症になると、みんな暴力的になったり、徘徊したりする？

それは一部の人だけで、おとなしい認知症の人のほうが多い

認知症になると暴力をふるったり徘徊《はいかい》するなどして、家族が振り回されるイメージがありますが、私のクリニックのデータでは、このようなBPSD（問題行動）が起こるのは全体の3分の1程度です。あとの**3分の2の人は、むしろ意欲がなくなってしまう、〝おとなしい認知症〟**です。暴力や徘徊は脳ダメージの部位や、その人の性格や周りの環境によって起きるので、認知症が進んだから現れるとは限らず、初期の段階から現れることもあります。なぜそうなるのか原因を見つけて、上手な対応を考えましょう。しかし、それだけでBPSDをなくすのは難しいもの。適切な薬を使って、家族が許容できるところまで症状を軽くするようにしましょう。

Q 認知症の薬は効かない？

本人の生活能力を維持するのが薬を使う目的

私のクリニックでの話ですが、80代の患者さんの奥さんが「薬が効かないから、主人の薬をやめます」と言いました。その患者さんはMMSE※の数値を維持できていたので、「薬は効いていますよ。続けましょう」と説得しましたが、奥さんの決意は変わりませんでした。ところが、それから3か月ほどして来院されたご主人は目に力がなく、応答も鈍く、認知症がかなり進んだことがわかりました。

薬を再開すると表情が引き締まり、奥さんも「減っていた言葉数が増えて、手助けが必要だった着替えも自分でするようになりました。実は薬が効いていたのですね」と驚かれていました。

※MMSE：ミニメンタルステート検査。認知症スクリーニング検査のひとつ。

■薬の服用の有無による、物忘れの進行度合いの比較

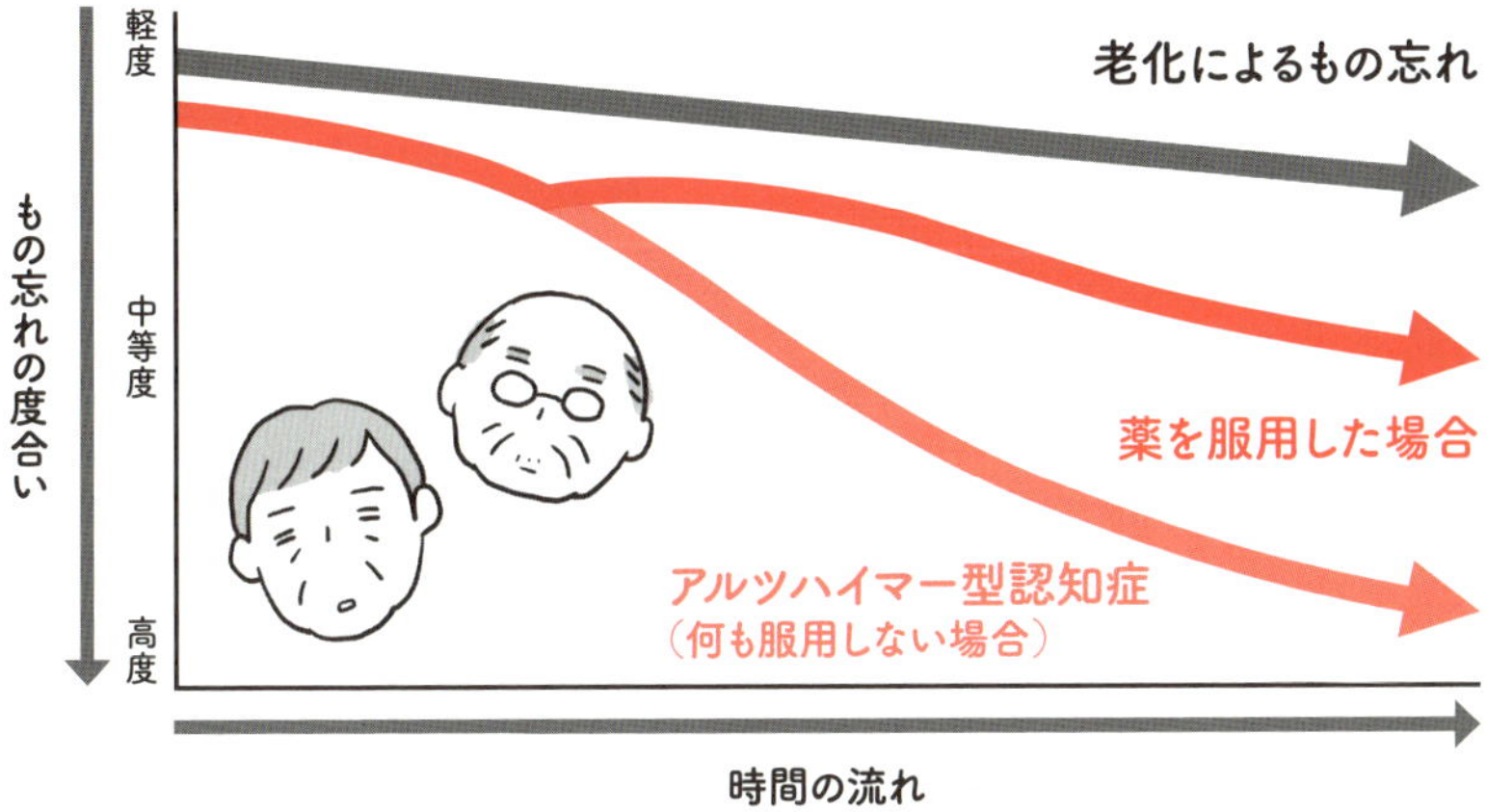

アルツハイマー型認知症は、年単位でゆっくり進行する病気。薬による治療をしなかった場合より、薬を服用した場合のほうが、症状の進行を遅らせることができる。

「認知症の薬を飲めば記憶力が回復する」というのは大きな誤解です。**認知症の薬の目的は、物忘れ（出来事記憶）を治すことではなく、生活する能力（手続き記憶）の低下を抑えることです。**ＭＭＳＥという世界中で広く使われている判定テストでは、30点満点で23点以下が認知症とみなされます。何も手を打たないでいると、この数値は1年で2〜3点下がり続けます。ところが、薬を飲むと、それが1点ぐらいに抑えられ、なかには数値が上がる人もいます。「薬によって進行がゆるやかになっている」ことが、薬が効いている証拠なのです。

症状によって、効く薬は違うの？

意欲のない人と怒りっぽい人では薬が異なる

認知症の薬は大きく分けて2種類あります。コリンエステラーゼ阻害薬（飲み薬のアリセプト、レミニール、貼り薬のイクセロン、リバスタッチ）と、NMDA受容体拮抗薬（飲み薬のメマリー）です。

脳が萎縮すると、脳の働きを活発にするアセチルコリンという神経伝達物質が減少します。それを分解するコリンエステラーゼという酵素の発生を阻害して、アセチルコリンを守ってくれるのがコリンエステラーゼ阻害薬。一方、NMDA受容体拮抗薬は、認知症になると、グルタミン酸による過剰なカルシウムが流入して脳の神経細胞に悪影響を与えるのですが、それをブロックする働きがあります。

■認知症治療で処方される4つの薬

薬の種類	商品名	用法	回数	特徴
コリンエステラーゼ阻害薬	アリセプト	飲み薬	1日1回	覇気が出る
	レミニール	飲み薬	1日2回	不安が減少し、明るくなる
	イクセロンリバスタッチ	貼り薬	1日1回	日常生活上の動作の改善
NMDA受容体拮抗薬	メマリー	飲み薬	1日1回	会話能力の改善、穏やかになる

２種類の薬は効くメカニズムがまったく異なります。**コリンエステラーゼ阻害薬は意欲がわく薬なので、気力が低下した人に処方すると覇気が出てきます。怒りっぽい人にはＮＭＤＡ受容体拮抗薬を使うと穏やかになります。**

この２種類の薬は、量を調節しながら併用することで、高い効果が得られる人もいます。認知症専門医は、症状を診て、その人に合った薬を処方しています。

薬を飲んでいるのに症状がさらにひどくなった場合は、処方された薬との相性が悪いせいかもしれないので、専門医に相談しましょう。

Q 薬の効果はどう判断すればいいの？

定期検査を受け、専門家に客観的に判断してもらおう

前述しましたが、薬が効いているかどうかを判断するポイントは、「今日は何月何日？」とか、「さっき私が言ったことを覚えている？」といった物忘れ（出来事記憶）が改善したかどうかではありません。

認知症治療の目標は、生活能力（手続き記憶）が維持されているかどうかです。つまり料理、食事、入浴、歯磨き、トイレ、衣服の着脱、趣味、男性なら髭剃りなどが、以前とくらべて大きく低下せずにできていれば、薬が効いているという証拠です。

しかし、薬の効果は必ず客観的な物差しで判断しましょう。**長谷川式簡易知能評**

■生活能力が大きく低下していなければ、薬は効いている

身のまわりのことができる、生活動作を維持することが薬を使う目的です。

価スケールやMMSE※などで、半年〜1年ごとに専門医に検査してもらい、自然経過とくらべてどの程度差があるのかを調べれば、薬の効果の有無がわかります。

家族や施設の職員などが主観で判断すると、見る人によって、「症状が進んだ」と言う人もいれば、「進んでない」と言う人もいて、正確な判断ができません。

また、薬を飲み始めると意欲や注意力が高まり、家族や周囲の人にあれこれ質問が増えて、逆に物忘れが激しくなったように感じることがあります。しかしこれは、薬の作用で意欲が出てきたためであり、薬が効いている証しです。

※MMSE：ミニメンタルステート検査。認知症スクリーニング検査のひとつ。

本人も家族もストレスがたまらない息抜き介護のススメ

●介護は家族だけが抱えなくてよい時代になった

認知症の介護と言えば、私にも子供の頃の思い出があります。祖母が認知症になり、夜間に見当識障害《けんとうしきしょうがい》が起きるようになったので、母のきょうだいたちが順番に自宅に連れて帰って面倒を見ることになったのです。

祖母はわが家にもやって来ましたが、昼間は何ともなかったのに、夜になるとトイレや寝室など勝手がわからなくなったようで、とても混乱していたのを思い出します。

今になって考えると、祖母にはずいぶんかわいそうなことをしたと思います。祖母はおそらく脳梗塞による脳血管性認知症だったと思うのですが、このタイプの認知症は、夜になると脳の血流が低下して特に判断力が落ちてきます。慣れない家に連れて来られて、しかも環境がコロコロ変わるのですから、わけがわからず、本当に不安だったに違いありません。

そんな祖母の時代にくらべると、今は介護保険制度があるので、認知症の人も、住み慣れた自宅で生活できるようになりました。介護を家族だけが抱えなくてよい時代になったことはとてもありがたいことです。ただ、いまだに「家族が介護することが親孝行」とか、「世間体が悪い」などの誤解と偏見から、介護保険サービスを利用しようとしない方がいるのは残念なことです。

●介護保険のサービスを上手に使って、心の充電を

介護はゴールの見えないマラソンだと言われます。そんな中で、わが子の顔すら忘れて老いていく親の姿を目の当たりにするのは、子供にはつらいものです。仕事をしながら親の介護をしている方も多く、みなさん肉体的にも精神的にもギリギリ

の状態で頑張っています。

介護は親と子、どちらも犠牲になってはいけません。だからこそ、介護保険のサービスを上手に使うべきです。たとえばデイサービスには、生活リズムを作るよいペースメーカーになること、自宅にいるよりも頭と体によい刺激が与えられること、入浴させてもらえるので、入浴拒否の人にとっては非常にありがたいことなど——

——医師の目から見た利点がたくさんあります。

次ページから、私が考える「息抜き介護」のポイントを紹介します。介護では笑顔が大事と私はいつも強調していますが、「言うは易《やす》く、行うは難《かた》し」です。いくら「これは病気のせい」と思っても、気持ちが爆発してしまうこともあるでしょう。

「介護でつらいのは下《しも》（排泄）の世話ではありません。天使になれないことです」という声を聞いたことがあります。そんなときは、「息抜き介護」を思い出し、〝心の充電〟を意識してください。ゆったりと自分の時間を持ち、メンタルバッテリーを満タンにすれば、また認知症の親にやさしく接することができるでしょう。

息抜き介護のポイント①

介護サービスを最大限に利用しよう

頼れる物は何でも頼って！
ストレス解消＆よりよい介護環境を

まじめな性格の人ほど誰にも頼らず頑張り続けてしまいがちです。自分の時間をすべて介護に捧げてしまうと心も体も疲れ果ててしまいます。デイサービスやショートステイを利用することは、認知症の方にとって生活リズムが整う・脳の刺激になる・体力の低下をカバーできるなどのメリットがあり、介護者は休息できてメンタルバッテリーが充電できます。頼れる物は何でも頼って、ストレスはこまめに発散しましょう。

息抜き介護のポイント②

介護認定の申請は箇条書きで準備

本人にとって必要な介護サービスを
受けるためには、適正な介護認定が必要です

介護度が適正に認定されていなかったり、身体状況の変化で介護サービスの不足があれば、認定の見直しができます。必要なサービスを受けられると、介護負担も軽減します。介護認定を受ける際に、認定調査員に渡すメモを作成しましょう。症状を①生活の能力について（中核症状・できなくなったこと）、②困っている問題行動（BPSD・物盗られ妄想や徘徊など）の2つに分けておくと適切な評価を受けられます。

息抜き介護のポイント③

接し方のワザを身につけて上手に手抜きを

否定や説得は解決につながらない。
本人の訴えに耳を傾け、安心させましょう

介護ストレスを軽くするためには、介護にかける時間を減らすワザが必要です。たとえば物盗られなどの妄想に対しては、否定したり説得したりしても解決につながりません。混乱が増してさらなる問題行動につながることに……。そこで、本人の訴えに耳を傾けながら、基本的には否定せずうまく受け流して、問題を先送りしましょう。ポイントは、「私はあなたの味方だよ」という雰囲気をかもし出して安心させることです。

息抜き介護のポイント④

抱え込まず、愚痴や弱音を吐き出す

介護の家族会や認知症カフェで
気軽に相談できる介護仲間を増やしましょう

認知症介護は長期戦。一人で不安や悩みを抱え込まず、地域包括支援センターやケアマネジャーに遠慮せず相談しましょう。また、認知症初期の頃から「介護の家族会」や「認知症カフェ」などに参加して、愚痴や弱音を聞いてもらうだけでも気がラクになりますし、アドバイスも受けられます。介護仲間が増えると認知症が進んでからの悩みに対しても味方になってくれるでしょう。介護者の笑顔が認知症の方の安心につながります。

息抜き介護のポイント⑤

本人のために施設入居を考える

環境の整った施設と専門スタッフによる介護で問題行動が治まることも

「施設はかわいそう」「親戚から反対される」など、老人施設への偏見や入所を戸惑う人も多いようです。しかし、栄養の管理された食事や適度な運動、仲間とのおしゃべりで脳の血液循環がよくなるなどメリットが多いのです。また、環境の整った施設で専門スタッフの介護を受けると問題行動が治まることもあります。家族も気持ちに余裕ができ、よりよい対応ができるでしょう。施設入所も選択肢のひとつにするとよいでしょう。

認知症治療の診察室から

高齢者向け認知症検診がいよいよスタート！

高齢化に伴い、認知症患者数が急激に増えています。それを受けて私のクリニックのある東京都では、近いうちに認知症検診を始めようと、準備が進められています。全国的にほかの自治体でも同じような動きがあるようですが、現在行われている特定検診と同じように、高齢者に気軽に認知症検診を受けてもらって、進行性の病気である認知症を早期に発見し、早期治療につなげようという試みは私も大歓迎です。

認知症の方は「最近物忘れが激しくなった。認知症が始まったのかもしれない」という病識がありません。逆に言えば、「私、このごろ物忘れがひどくなったんですけど、大丈夫でしょうか？」と自覚している人は、まだ傷が浅いといえます。このように病識のない初期の認知症患者に、病院へ行って検査を受けてと言ってもなかなか聞き入れてもらえず、家族や施設で働く介護職員は、どう説得すればよいのか頭を抱えています。しかし、みんなが受ける認知症検診なら、ハードルも低く、気軽な気持ちで受けられるのではないでしょうか。

検診の内容は自治体によって異なりますが、**まず心理検査と呼ばれる脳の働きを診るテストを行い、その成績を見て、必要な人には頭部画像検査を受けてもらって、脳の病的な萎縮を調べます。**

認知症の6~7割を占めるのはアルツハイマー型認知症です。しかし、このほかにも数は少ないのですが、**“治る認知症”**と言われる病気があります。正《せい》常圧水頭症《じょうあつすいとうしょう》や、慢性硬膜下血種《まんせいこうまくかけっしゅ》などがそれに当たりますが、これらの病気は、しかるべきタイミングで外科治療を受ければ完全に治ることもあります。そのような病気も認知症検診で見つけ出すことができます。この検診が多くの自治体に広まって、抵抗なく受けてくれる人が増えてくれることを期待しています。

おわりに

家族が明るいほうが認知症介護はうまくいく！

この本を読み終えて、認知症への誤解や介護の疑問や不安が少しでも消えて気持ちが軽くなったなら、とてもうれしく思います。

クリニックで日々いろいろな患者さんと接していると、私自身、患者さんやご家族から教えられることがたくさんあります。なかでも私が強く感じるのは、患者さんの認知症の進行度と、介護しているご家族の負担感は、必ずしも正比例しないということです。私から見れば、それほど手がかかるとは思えない方なのに、ご家族は非常に深刻で、暗い表情をしていることがあります。一方で、車椅子から立ち上がれないほど体の自由がきかなくなった母親を介護しながら、「私の息抜きは大好きなディズニーランドに行くことなんです！」と楽しそうにおっしゃる娘さんもいます。ご家庭の事情も違うのでいちがいに比較はできませんが、両者の違いは、介護生活という重苦しい日常の中で、ささやかでも楽しみを見つけ出せるか、それとも、つらい面にばかり目が向いてしまうか、その差ではないかと気づきました。

これは介護だけでなく、人生においても言えることではないでしょうか。同じ状況に置かれても、それをどうとらえるかによって気持ちはずいぶん違ってきます。できるなら、ポジティブに考えたほうが、物事がよい方向へ向かうのではないかと私は感じています。少なくとも認知症は、ご家族が明るいと患者さんも明るく、問題行動もあまり見られず、介護がうまくいっているなと思うケースが多いのです。「認知症になっても大丈夫！」今は、医師、看護師、理学療法士、ケアマネジャー、ヘルパー、地域包括支援センターなど、介護のプロがあなたをサポートしてくれます。これらの資源をフルに活用して、本人も家族も自分らしく生きることをあきらめないでください。

榎本 睦郎

［著者］
榎本睦郎（えのもと むつお）
1967年、神奈川県相模原市生まれ。榎本内科クリニック院長。日本認知症学会専門医。東京医科大学高齢診療科客員講師。1992年、東京医科大学卒業後、同大大学院に進み、老年病科（現・高齢診療科）入局。1995年より、東京都老人総合研究所（現・東京都健康長寿医療センター）神経病理部門で認知症・神経疾患を研究。1998年、医学博士号取得。七沢リハビリテーション病院脳血管センターなどを経て、2009年、東京都調布市に榎本内科クリニックを開業。現在1か月の来院者約1600名のうち認知症患者は7割ほどにのぼり、高齢者を中心とする地域医療に励んでいる。著書に『老いた親へのイラッとする気持ちがスーッと消える本』（弊社）、『笑って付き合う認知症』（新潮社）がある。

●**榎本内科クリニックホームページ**
http://www.enomoto-naika-clinic.com

STAFF
イラスト　森下えみこ
デザイン　金井久幸＋高橋美緒（TwoThree）
編集協力　加賀田節子事務所　野村泰子
校　　正　くすのき舎
アンケート　narutyan

認知症の親への
イラッとする気持ちがスーッと消える本
2019年11月10日　第1刷発行

著　　者　榎本睦郎
発 行 者　永岡純一
発 行 所　株式会社永岡書店
〒176-8518　東京都練馬区豊玉上1-7-14
代表☎ 03（3992）5155
編集☎ 03（3992）7191
D T P　編集室クルー
印　　刷　精文堂印刷
製　　本　ヤマナカ製本

ISBN978-4-522-43744-5　C0036